Karl Friedrich Heinrich Straß

Jeanne d'Arc, die Jungfrau von Orleans

DOGMA

Karl Friedrich Heinrich Straß

Jeanne d'Arc, die Jungfrau von Orleans

ISBN/EAN: 9783955075316

Auflage: 1

Erscheinungsjahr: 2012

Erscheinungsort: Bremen, Deutschland

Jeanne d'Arc,

die Jungfrau von Orleans,

deren

wahrhafte Geschichte, ihr Proceß, ihre Verurtheilung, ihr Feuertod und ihre Ehrenrettung.

Dargestellt

nach den auf der kaiserlichen Bibliothek zu Paris befindlichen Untersuchungs-Acten und den sonstigen besten Quellen

von

Dr. K. Fr. Heinrich Straß,

königl. preuß. Kreis-Justiz-Rathe und Stadtgerichts-Director a. D., Rechts-Anwalt und Notar bei dem königl. Kammergericht ff. zu Berlin, Mitglied des Institut d'Afrique zu Paris, der Akademie der Wissenschaften zu Erfurt, der Gesellschaften für deutsche Sprache zu Leipzig u. s. f., Ritter ff.

———————————————— ⚜ ————————————————

Berlin.
Verlag von Otto Foerster.
1862.

JEANNE D'ARC

bei dem Einzuge in Orleans.

Vorwort.

Als ich vor mehren Jahren auf der Rückreise von Paris in dem freundlichen Nancy krank lag, kam mir das Werk des Herrn de Haldat über die Jungfrau von Orléans zu Gesicht. Dasselbe regte mich lebhaft an und bewog mich, die Geburts=Stätte der gefeierten Heldin zu Dom=Remy unweit Vaucouleurs aufzusuchen. Je mehr ich mich mit der Geschichte der hochherzigen Befreierin Frankreichs beschäftigte, desto höher steigerte sich mein Interesse. Als ich demnächst von den urschriftlichen Verhören Kunde erhielt, welche über die Vernehmungen der Jungfrau zu Paris auf Pergament=Blättern aufbewahrt werden, und vor einigen Jahren mit Recht als eine der größten Seltenheiten Frankreichs dem berühmten Ibrahim Pascha bei seinem Besuche der Kaiserstadt gezeigt wurden, bemühte ich mich, von jenen Actenstücken nähere Kenntniß zu erlangen. Gleichzeitig verschaffte ich mir die Mehrzahl der besseren Schriften über die Jungfrau und beschloß, ungeachtet der vorhandenen, zum Theil recht trefflichen Arbeiten, ihre Geschichte vornehmlich mit Rücksicht auf die Untersuchungs=Acten und die darin enthaltenen ausführlichen und zahlreichen Zeugen=Aussagen zu schreiben. Ich verfolgte diese Idee um so mehr, als es mir besonders darauf ankam, in solcher Weise ganz authentisch die Thatsachen aufzustellen, wie sie als actenmäßig sich nachweisen lassen. So ist das hier folgende Büchlein entstanden. Ich habe dabei vorzüglich die umstehend verzeichneten Werke benutzt, nämlich:

a. Quichérat, procès de la condemnation et de la rehabilitation de Jeanne d'Arc. 2 vols. Paris 1841. 42.

b. Lebrun de Charmettes, histoire de Jeanne d'Arc. 3 vols. Paris 1817.

c. Görres, die Jungfrau von Orléans. Augsburg, Kollmann.

d. Barthelemy de Beauregard, histoire de Jeanne d'Arc. Paris 1847.

e. Jolois, histoire abregée de la vie et des exploits de Jeanne d'Arc. Paris 1742.

f. Fr. v. Raumer, histor. Taschenbuch von 1845 über Johanna d'Arc. Leipzig.

g. Berrial St. Prix, Jeanne d'Arc ou coup d'œil sur les révolutions au temps de Charles VI. et VII. Paris 1817.

h. Lenglet du Fresnoy, histoire de Jeanne d'Arc. Paris 1753.

i. de Haldat, examen critique de l'histoire de Jeanne d'Arc. Nancy 1850.

k. v. Fouqué, Geschichte der Jungfrau von Orléans nach Le Brun de Charmettes. Berlin. Schlesinger.

l. Averdy, hist. de Jeanne d'Arc. Paris 1859.

m. Chronique de la pucelle, ou chronique de Consinot, avec notices de M. V. de Viriville. Paris 1859 chez Adolphe Delahays.

n. Quichérat aperçus nouveaux sur l'histoire de Jeanne d'Arc. Paris 1850 chez Renouard.

Mein Verdienst bei dieser Schrift ist nur ein geringes. Der interessante Stoff dürfte auch in wenig gelungener Darstellung lebhafte Theilnahme erregen. Gern hätte ich indessen der Ausführung eine größere Sorgfalt gewidmet, wenn mich nicht überhäufte Berufs-Geschäfte und Krankheit daran verhindert hätten. So rechne ich auf die geneigte Nachsicht der geehrten Leser und Kritiker.

Berlin, im Mai 1862.

Der Verfasser.

Inhalt.

Die Jungfrau von Orleans.

I.

Ihre Jugend und ihre Weihe.

Zu den edelsten Erscheinungen aller Zeiten gehört unstreitig die hochherzige Jeanne d'Arc, genannt die Jungfrau von Orleans. Von ihr gilt, was von Wenigen behauptet werden kann. Die Dichtung und Sage hat nicht vermocht, sie herrlicher zu schmücken, als sie wirklich war. Sie verliert nicht, wenn man ihre Lebensbeschreibung von allem Beiwerk entkleidet, sie gewinnt, wie ein geistreicher Schriftsteller richtig sagt, in der reinen Einfachheit der historischen Wahrheit. Die Geschichte dieser begeisterten Heldinn Frankreichs ist jedoch selbst in ihrem Vaterlande vielfach entstellt worden. Manche haben sogar ihre Existenz bestreiten wollen. Andere haben Fabelhaftes einge-mischt, ja schon ihre Geburt mit allerlei Wundern umgeben. So haben einzelne alte Chroniken versichert, daß ihre Geburt durch übernatürliche Zeichen verkündet sei, daß die Wölfe vor den Lämmern ihrer Heerde schweigsam geworden, ja daß sie die Vögel auf dem Felde an sich gezogen habe. Indessen bedarf es keiner Wunder, wo die Thatsachen selbst, wie solche durch ganz unzweifelhafte Urkunden sich darstellen, in ihrer Einfachheit an das Wunderbare grenzen und selbst dem Ungläubigsten jedes Bedenken nehmen müssen. Jene Urkunden bestehen vornehmlich in den Verhandlungen über den ihr gemachten Proceß, welcher ihrem Feuertode voranging, und aus den Vernehmungen in der später veranstalteten Untersuchung zur Herstellung ihrer Ehre. Diese Verhandlungen befinden sich noch jetzt in der bibliothèque impériale zu Paris, und es ist an ihrer Aechtheit nicht zu zweifeln. Die Zahl der im Rechtfertigungs-Prozeß vernommenen Zeugen belief sich auf 140. Diese Untersuchung zur Rettung der Ehre des unglücklichen Schlachtopfers wurde eingeleitet auf den Antrag der Isabelle Romée, der Mutter der Heldin, ihres Bruders Jean Dulys, welcher Propst zu Vaucouleurs war, und ihres Bruders Pierre d'Arc, welcher bekannter ist unter dem Namen des Ritters Dulys.

Der König Carl VII. befahl selbst, unter Zustimmung des Papstes Calixtus III. und des Erzbischofs von Rheims, die Einleitung durch einen Erlaß vom 15. Februar 1449, gerichtet an Guillaume Bouillé, Doctor der Theologie und Rector der Universität zu Paris, welcher sich in mehren Schriften lebhaft zu Gunsten Johanna's ausgesprochen.

Der königliche Befehl verordnete, zu ermitteln, in welchem Geiste, zu welchem Zwecke und in welcher Form die Untersuchung geführt sei, in Folge deren Jeanne d'Arc zu Rouen verbrannt worden.

Die Ermittelungen, welche man zu Vaucouleurs, Paris, Orleans und Rouen anstellte, wurden von dem Cardinal d'Estournelle selbst unter Zuziehung von Jean Bréchal geleitet, welcher Untersuchungsrichter in Glaubenssachen war. Die Zeugen wurden umständlich und eidlich vernommen. Auf den Grund ihrer Aussagen erfolgte demnächst das Urtheil, welches die Heldin für schuldlos erklärte. Dieses Urthel wurde auf Befehl des Papstes Calixtus III. von vielen zusammenberufenen Theologen gefällt und am 7. Juli 1456 im erzbischöflichen Palast zu Paris in Gegenwart der tiefbekümmerten Mutter und der beiden Brüder Johanna's verkündet.

Erwägt man, daß die Zeugen nach allen Formen des Gesetzes vernommen, ja vereidet sind, daß sie den verschiedensten Altern und Ständen angehörten, daß sie zum Theil die Gefährten der Jugend Johanna's, zum Theil ihre Kampfgenossen waren, theils einfache Bauern, theils unbefangene Krieger, theils hochgestellte Herren und Geistliche, deren vielen sie die Geheimnisse ihres Herzens gebeichtet, so kann wol nicht der mindeste Zweifel obwalten, daß jene Zeugenaussagen die höchste Glaubwürdigkeit verdienen.

Nach jenen Ermittelungen nun sind die Thatsachen aufgestellt, welche hier folgen. Dieselben sind daher als ganz zuverlässig anzunehmen, selbst da, wo sie von Schillers Auffassung abweichen, obwohl dieser sich viel getreuer an die Geschichte gehalten hat als Shakespeare.

Jeanne d'Arc war geboren zu Dom-Remy, nahe bei Vaucouleurs, einem lothringischen Dorfe an der Maas auf der Straße nach Neufchateau, in dem Departement, das von jenem Flusse den Namen hat. Die Hütte ihrer Eltern lag am Abhange eines Hügels unweit der Kirche in einem lachenden Thale. Michael von Montaigne, welcher im 16. Jahrhundert lebte, fand sie noch mit sehr beschädigten Bildern aus der Lebensgeschichte der Jungfrau geschmückt. Ihr Vater war Jacques d'Arc und ihre Mutter Isabelle, geborene Romée aus Voulton bei Dom-Remy.

Ihr Vater Jacques d'Arc war nichts als ein anspruchsloser Bauer und stammte aus Septfond in der Champagne oder Sefond bei Montierender, nach Anderen aus Surmaize bei Vitry le français. Er, wie sein ältester Sohn Jacqemain, sind aus Kummer über Johanna's Geschick gestorben.

Manche haben in der Meinung, die gefeierte Heldin könne nicht aus ganz gemeinem Geschlechte stammen, durch einen Apostroph sie adeln wollen, indem sie den Familien-Namen d'Arc zu schreiben beliebten; aber, so verbreitet diese Schreibart selbst in Frankreich bei sonst zuverlässigen Schriftstellern ist, so ist sie dennoch unrichtig. In den ältesten Schriften findet sich der Name ohne Apostroph, z. B. in einem Drama von Fronton, betitelt Jeanne Darc, aus dem Jahre 1650, ist der Name ohne Apostroph geschrieben. Das angebliche alte Wappen der sogenannten Familie d'Arc mit einem gespannten Bogen und drei Pfeilen ist lediglich eine Erfindung späterer Autoren. Der Name Darc, selbst als d'Arc geschrieben, ist übrigens, auch ohne Johanna's Vater zum Edelmanne zu stempeln, leicht zu erklären. Es giebt nämlich in der Nähe seines Geburtsortes zwei Dörfer des Namens Arc, aus deren einem ohne Zweifel sein Vater stammte. Wäre noch irgend ein Bedenken, so wird es gehoben durch ein Decret Carl VII., wonach der Familie Darc, welche später Dulys hieß, erst der Adel verlichen und dabei ausdrücklich gesagt worden, es könne nicht entgegenstehen, daß sie nicht aus abliger, ja selbst nicht aus einer freien Familie stammen möchte.

Johanna's Geburt fällt in das Jahr 1410 oder 1411, in jene Zeit, wo lange Kriege zwischen Frankreich und England, geführt um die Krone des ersteren, ihr schönes Vaterland verheert hatten. Der Kampf zwischen Heinrich V. von England und dem schwachen König Karl VII. von Frankreich, dem ihr Geburtsort getreulich anhing, hatte auch ihre väterliche Flur nicht verschont. Sie hatte vier Geschwister, drei Brüder und eine Schwester. Im elterlichen Hause hieß sie stets nur Jeannette, auch wol der Landessitte gemäß nach ihrer Mutter Romée.

Ihre Erziehung war nur eine höchst dürftige und einfache. Sie wuchs auf unter dem väterlichen Dache, auf der heimischen Flur, und kannte nichts, als die gewöhnlichen Handarbeiten, etwas Nähen und Stricken, außerdem nur die üblichen Gebete. Die Mutter lehrte sie das Pater noster, das Ave Maria und das Credo. Es ist daher eine Fabel, daß sie eine vorzügliche und kriegerische Erziehung, namentlich durch eine adelige Dame, genossen habe. Solcher Unterricht eines armen Bauernmädchens hätte unmöglich verborgen bleiben können, er wäre sicher von einem der vielen Zeugen bekundet worden. Sie ist, wie die meisten jungen Mädchen Lothringens, schon früh angehalten worden, die Lämmer zu hüten und hat da in der Stille der Einsamkeit ihren Geist durch Nachdenken gebildet. Daneben hat sie auch Gelegenheit gefunden, nach dortiger Sitte, auf den Pferden, die daselbst auf der Weide sind, sich im Reiten zu üben. Es kann daher nicht auffallen, daß sie, ungeachtet ihrer einfachen Erziehung, eine gewandte Reiterin war. Ihrem Vater war es nicht in den Sinn gekommen, ihr eine kriegerische Richtung zu geben und sie ihrem Berufe zu entziehen. Es geht dies unzweifelhaft aus seiner Aussage hervor, wonach er erklärt hat, daß, wenn er gewußt hätte, sie wolle, das väterliche Haus verlassend, dem Kriegsheer folgen, er sie lieber mit eigener Hand ertränkt haben würde. Eine müßige Erfindung späterer Zeit ist es, daß sie mit anderen Mädchen förmlich zu Roß Wettkämpfe angestellt.

Sie selbst sagte bei der Untersuchung, daß ihre Mutter oft erzählt, der Vater habe geträumt, sie werde mit den Soldaten fortziehen, und daß die Eltern deshalb große Sorge gehabt, sie zu bewachen. Beide wären fast wahnsinnig geworden vor Schmerz, als sie nach Vaucouleurs gegangen sei.

Sie selbst hat bei ihrer Vernehmung angegeben, sie wisse von Gelehrsamkeit nichts, als ihr Vater Unser und ihr Ave Maria, aber ihre Mutter habe sie in allen weiblichen Handarbeiten, namentlich im Nähen und Spinnen unterrichtet, worin sie so geübt sei, daß sie darin mit jeder Frau in Rouen sich messen zu dürfen glaube. Wenn einige Autoren, wie Monstrelet (**IX.**, 58.) behaupten, daß sie nicht die Lämmer auf den Feldern gehütet, so widerspricht das den eigenen Angaben der Jungfrau. Auch findet es zum Theil in den späteren Anführungen jener Schriftsteller volle Widerlegung (Monstrelet **V.**, 301.) Desgleichen in vielen Aussagen der im Rechtfertigungs-Proceß vernommenen Zeugen. Diese bekunden sogar, daß sie nicht nur die Lämmer ihres Vaters, sondern die der anderen Dörfer der Reihe nach gehütet und das Feld gepflügt habe.

Dies haben besonders die Zeugen Dominicus Jacobi, die
Wittwe des Tagelöhners Estellini, Joh. Waterin und die verehelichte Gerard im Rechtfertigungs-Proceß bekundet (Quich II.,
303., 395., 398.) Sie selbst konnte nicht einmal schreiben,
daher ist auch keine der mit ihr aufgenommenen Verhandlungen von ihr unterzeichnet und sie hat selbst die Briefe, worin
sie die Engländer aufforderte, aus Frankreich zu weichen und
den Thron seinem rechtmäßigen Erben wiederzugeben, von
fremder Hand schreiben lassen und nur mit einem Kreuz voll-
zogen. Ueberhaupt setzte sie an die Spitze oder an den Schluß
der von ihr genehmigten Schriften ein Kreuz oder zuweilen zwei.

Nach den übereinstimmenden Aussagen der Pfarrer und
Landbewohner ihrer Gegend war sie ein höchst wackeres Mädchen.
Alle rühmten, wie einfach, mäßig, wohlthätig, züchtig und ihren
Eltern gehorsam sie gewesen. Sie fand wenig Behagen an Tanz
und weltlichen Dingen. Oft entschlüpfte sie aus dem rauschen-
den Getümmel ihrer Gespielinnen, um einsam zu beten.

Ihre Gefälligkeit und ihr anspruchsloses Wesen hatten ihr
allgemeine Achtung und Liebe erworben. Niemand wußte ihr
einen anderen Vorwurf zu machen, als daß sie sich sehr oft
zurückziehe und daß sie zu fromm sei. Wie weit sie in ihrem
relgiösen Eifer ging, erhellt z. B. daraus, daß sie einst dem
säumigen Glöckner von Dom-Remy, wie er selbst im Revisions-
Processe ausgesagt, eine Belohnung versprach, wenn er pünctlich sei im Einläuten der Gebetstunden, weil sie bei dem Weiden
ihrer Heerden so gern den Klang der Glocken vernehme.*)

*) Recherches hist. sur la France tom. IV. chap. 5.

Die Behauptung Pasquier's, Voltaire's und Monstrelet's, daß sie eine Zeit lang in einer Schenke zu Vaucouleurs als Magd gedient habe, entbehrt jeder näheren Begründung, wäre aber auch gleichgiltig, da auch daraus nichts Böses gegen sie hergeleitet worden.

Die Gegend und ganze Zeit, in welcher sie lebte, waren übrigens vollkommen geeignet, sie zur Schwärmerei zu leiten.

So stand nahe bei Dom-Remy eine der Jungfrau Maria geweihte Kapelle, genannt die Einsiedelei unserer lieben Frauen zu Vermont, zu welcher die jungen Leute der Gegend zahlreiche Wallfahrten unternahmen. Unweit dieser Kapelle erhob sich eine uralte majestätische Buche, oft auch die schöne Maie genannt, einem Ritter Pierre de Bourlemont gehörig. Unter diesem Baume war es, wo sich öfter im Lenze viele Frauen und Mädchen versammelten, weil er dann, wie der Zeuge Gerardin d'Epinal sich ausdrückt, schön wie eine Lilie war und seine Zweige bis zur Erde reichten. Noch Edmund de Richer in seiner Chronik von 1628 rühmt sehr den Baum und sagt: „Die Aeste dieser Buche wölben sich bogenförmig zusammen und bieten herrlichen Schatten, gleich dem Dache eines Zimmers. Von diesem Baume ging die Sage, daß daselbst die Feen oft verkehrten. Johanna selbst erklärte zwar, daß sie die Feen dort nie gesehen, daß aber ihre Pathinn Johanna, die Frau des Maires Aubery, ihr gesagt, daß sie ihr mehrmals erschienen seien. Bei jenem Baume war auch, umbuscht von Stachelbeersträuchern, eine Quelle, deren Wasser vornehmlich bei Wechselfiebern für wunderkräftig galt, aus welcher, wie Johanna versicherte, viele Kranke Wasser holten, um ihre Gesundheit herzustellen. Auch war daselbst ein kühler Eichenhain, von welchem man später behauptete, daß Johanna dort ihre geheimste Weihe empfangen, was man in Einklang brachte mit der Weissagung, daß aus jenem Haine eine Jungfrau kommen würde, welche Wunder thäte.*) Außerdem ging auch die Sage, daß in der Nähe der erwähnten Buche unter der Erde eine Mandragora verborgen sei, eine Wurzel von seltsamer, fast menschlicher Gestalt, welche die Macht habe, als Wünschel- ruthe zu dienen, um Schätze zu heben.

Der Quell, der Baum, der Hain mit den alten Sagen, den man aus den Fenstern ihres elterlichen Hauses schauen konnte, das flüsternde Laub in der Stille der Einsamkeit, Alles wirkte zusammen, um eine gewisse Erregung, einen höhern Schwung und Begeisterung in ihrem jungen Herzen zu wecken. Fast stets allein, hing sie tausend Träumen nach. Dazu kam die Erregtheit gegen die Partei der Burgunder und Engländer, welche oft ganze Provinzen Frankreichs und zum Theil selbst jene Gegend verheerten.

Wie groß dieser Haß bereits damals war, als Johanna noch im kindlichen Alter stand, geht schon daraus hervor, daß selbst die Knaben ihres überaus königlich gesinnten Geburts- ortes Dom-Remy gegen das benachbarte Dorf Marcy blutige Kämpfe fochten, weil es voll Eifer den Burgundern und Eng- ländern anhing.

Sie selbst behauptete zwar nie, daß ihre Stimmen ihr Haß gegen die Burgunder eingeschärft, gestand aber doch, daß

---

*) Quich. Procès I. p. 68. II. p. 447. Aperçus nouveaux par Quich.

sie von Jugend auf dieselben nie geliebt. Offenbar bediente sie sich hierbei eines sehr milden Ausdrucks, denn auch ihre Eltern hatten durch die Verfolgungen Seitens der Burgunder und durch die Flucht nach Vaucouleurs mehrfach gelitten. Wie groß auch ihre eigene Erbitterung war, geht daraus hervor, daß sie bei der Untersuchung auf Befragen erklärte: in Dom-Remy sei nur ein Burgundischer gewesen, Conradin von Spinal, dessen abgeschnittenen Kopf sie wol hätte haben mögen, jedoch nur, wenn es Gott gefallen. (Quich: II., 262.)

Ihre große Frömmigkeit haben selbst ihre Feinde nicht zu bestreiten gewagt, aber ihr reiner, wahrhaft christlicher Sinn, vereint mit unerschütterlichem festen Glauben an die Vorsehung, waren eben die Quelle ihrer Tugend und jener Begeisterung, welche sie stark machten, die Ehre Frankreichs zu retten. Schon als Kind hatte sie häufig und regelmäßig die Kirche besucht, und oft bei ihrem Pfarrer und selbst bei herumwandernden bettelnden Mönchen gebeichtet. Fast immer sich den gewöhnlichen Zerstreuungen entziehend, hatte sie dergestalt im Gebet ihr Heil gefunden, daß sie schon früh in der Umgegend für eine Art von Heiliger galt. So bekundet Jean Waterin:*) Oft wenn die anderen jungen Leute gescherzt, sei Johanna abseits gegangen, wie träumend und im Stillen zu Gott redend. Er und die Anderen hätten sich häufig darüber lustig gemacht. Sie sei aber wahrhaft fromm gewesen und habe oft im Felde, sobald sie den Klang der Glocken vernommen, ihr Knie gebeugt und zu Gott gebetet, auch häufig in feierlicher Procession

---

*) Quich. II. 419.

Kerzen getragen und sei gewallfahrtet nach der heiligen Mutter
Gottes von Bermont.

Auch gegen die Armen war sie mitleidig und wohlthätig.
Die verehelichte Gerard bekundet sogar, daß sie habe im Haus-
flur schlafen wollen, um den Armen ihr Bett zu geben.*)
Man wußte, daß sie oft heimlich in die Kirche ihres Dorfes
und in eine benachbarte Kapelle unfern Greux im Weiler
Beaumont ging. Dort soll sie häufig unter heißen Thränen
für ihre Eltern und die Rettung ihres Vaterlandes gebetet
haben, dessen Unglück ihr Herz lebhaft bewegte. Ohne Zweifel
hatte sie von ihren Eltern und Landsleuten viele Klagen darüber gehört, daß der König Karl zu wenig entschlossen sei,
daß es an tapfern Leuten nicht, dagegen an muthigen Feldherren fehle, daß Karl, statt die Truppen wider den Feind zu
führen, entmuthigt durch die auch seinen schottischen Hilfs-
truppen widerfahrene Niederlage, sich begnüge, die plündernden
Horden zu zügeln.

Sicher war auch dadurch in ihrer schwärmerischen Seele
der Gedanke erweckt worden, den König anzufeuern und ihrem
Volke mit dem Beispiel unerschrockenen Muthes voranzu-
leuchten.

In der gedachten Kapelle bei Greux, später durch den
Gutsbesitzer Saincère hergestellt, zeigt man noch ein altes höl-
zernes sehr einfaches Marienbild, vor welchem Jeanne Darc
oft knieend im Gebete zur heiligen Jungfrau gefleht haben soll.

Dort war es ihr in ihrem überreizten Zustande, als wenn

*) Quich. II. 427.

übernatürliche Wesen ihr erschienen. Wenigstens hat sie dies bei ihrer Vernehmung allerdings angegeben und zugleich behauptet, daß deren Erscheinen sich jedesmal durch ein lange dauerndes Geräusch, wie von einer Glocke, wie wenn der Wind in den Blättern säusele, sowie durch ein hellleuchtendes Licht angekündigt habe.

Sie hat zugleich versichert, daß sie dort vortreffliche Rathschläge wegen Führung eines christlichen Wandels und wegen Bewahrung ihrer Keuschheit, die sie Gott weihen müsse, empfangen habe. Noch wichtiger aber ist ihre Betheuerung, daß ihr dort die Eingebung gekommen sei von der Erfüllung ihrer Sendung zur Rettung Frankreichs und Herstellung des Thrones zu Gunsten des rechtmäßigen Nachfolgers des Sohnes Ludwigs des Heiligen.

Erwägt man, daß sie aufwuchs unter den Eindrücken des Bürgerkrieges, welcher Frankreich verzehrte, daß selbst die friedlichen Fluren ihrer Heimath von der Geißel des Krieges nicht verschont blieben und sie in der Stille der ländlichen Fluren, in der Einsamkeit der Kapelle vielfach Nahrung fand für ihre träumerischen Gedanken, so kann es nicht befremden, daß sie zuletzt selbst glaubte, durch besondere Eingebungen begeistert zu sein. Nur so läßt sich erklären, wie das allerdings kluge, aber durchaus wahrhafte und edle Mädchen, jedem absichtlichem Truge fremd, sich gleichsam selbst täuschend, zu ihren Visionen und den späteren Erzählungen von den Eingebungen göttlicher Geister kam. Zum ersten Male will sie überirdische Stimmen in ihrem 13ten Jahre, nachdem sie Tags zuvor gefastet, vernommen haben und zwar, wie sie versicherte, anfangs mit

großer Furcht. *) „Die Stimme", sagte sie, „erklang des
Mittags, als ich an einem Festtage im Garten meines Vaters
war. Sie kam von der rechts liegenden Kirche her und fast
immer war damit ein Lichtglanz verbunden. Zunächst ermahnte sie mich, zum Heile meiner Seele mich gut aufzufüh-
ren und die Kirche zu besuchen.

Es war ihr, als sei es die Stimme Gottes selbst, so erhaben und würdig klang sie ihr. Anfangs hatte diese Mahnung keinen weiteren Erfolg, Johanna aber gelobte sich im
Stillen, zeitlebens unvermählt zu bleiben.**)

Nach einer Erzählung des Philipp von Bergamo, eines
Zeitgenossen, welcher sie am Hofe Karl VII. gesehen, soll die
Offenbarung ihr zuerst in der kleinen Kapelle im Traum erschienen sein und ihr geboten haben, von der Hütung ihrer
Heerden abzulassen und dem König Karl zu Hilfe zu ziehen.
Bald gesellten sich in ihrer erhitzten Einbildungskraft zu den
Stimmen auch Erscheinungen. Es war ihr, als sähe sie un-
bekannte Wesen, von erhabener Schönheit, mit Flügeln, aber
ohne Kronen, umschwebt von vielen Engeln. In der einen Gestalt glaubte sie später den Erzengel Michael zu erkennen, welcher ihr sagte, daß Gott sich über Frankreich erbarme und sie
dem König zu Hilfe ziehen müsse. Bald war es ihr, als wenn
ihre Stimmen sich für den König Karl gegen den Herzog von
Burgund und die Engländer erklärt hätten, und nun sehnte sie
sich, für ihren König nach Frankreich in den Krieg zu ziehen.

---

*) Quich. Proc. I. 52.
**) Quich. I. 66.

Nichts, selbst nicht der Versuch, sie durch Verheirathung mit einem jungen Manne aus Toul auf andere Gedanken zu bringen, vermochte ihr Vorhaben zu erschüttern. Selbst der von jenem erhobene Proceß brachte sie nicht davon ab. Sie schwur, daß sie das von ihm behauptete Eheversprechen niemals gegeben. Dagegen sagte sie zu einigen Personen, zu welchen sie besonderes Vertrauen hegte, wie zu ihrem Oheim Laxart und zu dem Zeugen Michael Lebain schon damals, daß zwischen Coussey und Vaucouleurs eine Jungfrau sei, welche, ehe ein Jahr verginge, den König von Frankreich werde krönen lassen.*)

Immer mehr aufgeregt in ihren Träumen und bis zur Schwärmerei begeistert, redete sie sich ein, daß ihre Stimmen ihr eingegeben hätten, ihre Pläne und, wie sie meinte, ihre göttliche Sendung dem Befehlshaber der königlichen Truppen zu Vaucouleurs, dem Hauptmann Robert von Beaudricourt, zu entdecken. Sie will zwar geantwortet haben, daß sie ein armes Mädchen sei, das weder reiten, noch einen Speer führen könne, aber die Stimmen haben, wie sie behauptete, ihr die Versicherung gegeben, daß der Hauptmann von Beaudricourt ihr Schaaren zugesellen werde, um sie nach Frankreich zu geleiten; denn Frankreich nannte man damals die Gegend nicht, welche Johanna's Heimath war.

Je mehr sie heranwuchs, desto öfter war es ihr, als ob geheimnißvolle Gestalten und Stimmen ihr erschienen. Fortwährend mahnten sie, nach Frankreich zu ziehen. Anfangs sprach sie von diesen Erscheinungen zu Niemandem, am wenig-

---

*) Quich. II. 440.

sten zu den Eltern, auch nicht zu dem Pfarrer, weil sie gerade von diesen Hindernisse besorgte. Bald indessen ließ sie einige Andeutungen fallen, welche dem Vater die Furcht erregten, daß sie wirklich in der Stille fortziehen könnte. Da ihm sodann sogar ihre Flucht mit Kriegsknechten träumte und er zu den Söhnen für solchen Fall die schon erwähnten heftigen Drohungen gegen sie geäußert hatte, warnte die Mutter sie eindringlich und sie stand aus kindlicher Ehrfurcht einstweilen ab.

Als sie demnächst vor den Plünderungen der Burgunder mit den Eltern fliehen mußte, ward ihr Haß gegen diese wiederholt lebhaft angeregt und der Gedanke, dem Könige gegen seine Feinde zu Hilfe zu eilen, von neuem mächtig erweckt. Sie beschloß endlich, es koste, was es wolle, zum König zu ziehen und den hohen Beruf, wozu die inneren Stimmen sie fortwährend drängten, zu erfüllen. Sie entdeckte sich daher ihrem alten braven Oheim, dem Durand Laxart, und wollte sogar in dessen Kleidern fortziehen zu Beaudricourt, aber jener bewog sie, wieder umzukehren und Frauenkleider anzulegen, wonächst er mit ihr nach Vaucouleurs ging. Dort kehrte er mit ihr im Hause der ihm befreundeten Familie des Henry de Royer ein, dessen Ehefrau Katharina die Jungfrau liebevoll aufnahm. Der Zeuge Johann de Novelonpont, welcher stets ihr thatkräftig zur Seite stand, bekundet, Henry de Royer habe sie befragt: Was sie eigentlich wolle? Ob der König aus seinem Reiche vertrieben werden würde und die Engländer besiegt werden müßten? Darauf habe sie geantwortet: „Ich bin hierher gekommen zu einer Behausung des Königs, damit Robert de Beaudricourt mich zu dem Dauphin geleiten lasse, was dieser bis jetzt nicht thun will, ehe aber vierzig Tage vergehen, muß ich beim Könige sein. Niemand nämlich in der Welt, weder die Könige, noch die Heerführer, noch die Tochter des Königs von Schottland (welche nach einem damaligen Gerücht mit Karl VII. vermählt werden sollte) können das Königreich Frankreich retten, auch ist keine Hilfe, als durch mich), obgleich ich lieber bei meiner armen Mutter nähen wollte, weil es nicht mein Beruf ist, aber es ist nothwendig, daß ich gehe und dieses thue, weil mein Gott will, daß ich also handle."

Ihr Oheim ging endlich auf ihre Bitten zu Beaudricourt und theilte ihm ihr Vorhaben nochmals mit, aber dieser erklärte wiederholt, daß er sie mit Ohrfeigen zum Hause ihres Vaters zurücktreiben wolle. Auf wiederholte Vorstellung Laxart's, daß die Jungfrau von ihrem Vorhaben nicht abzubringen sei und sich stets auf die alte Weissagung von der Rettung Frankreichs durch eine unbefleckte Jungfrau berufe, entschloß sich endlich Beaudricourt, mit Laxart und dem Pfarrer Fourier zu ihr zu gehen, um sie näher zu prüfen. Der Pfarrer beschwur sie, daß, wenn sie ein böses Weib sei, sie von ihm weichen, wenn ein gutes, sie zu ihm kommen solle. Darauf schleppte sie sich zu den Knieen des Priesters und sagte, daß er an solcher Beschwörung nicht gut thue, da er ihre Beichte gehört. Sie trat dabei vor ihn in ihrer einfachen ländlichen Tracht mit dem rothen Rocke, eine demüthige und dennoch gebietende Erscheinung. Es war gerade am Himmelfahrtstage, den 11. Mai 1428. Sie erklärte ihm bescheiden, aber furchtlos: Sie sei dazu geboren und bestimmt, Frankreich zu befreien und werde ihren Weg verfolgen, wenn auch rings Bewaffnete sie umdräuten, da sie im Schutze des Allmächtigen stehe. Gott habe sie zu ihm gesandt, ihn um die Mittel zu bitten, sich zu dem Dauphin zu begeben, damit sie diesen nach Rheims füh. ren könne. Das Königreich gehöre nicht dem Dauphin (so nannte sie den König bis zu seiner Krönung), sondern ihrem Herrn, dem Könige des Himmels, aber der Herr wolle, daß der Dauphin König werde und dieses Reich für ihn verwalte.*) Weise man sie auch hier zurück, so werde sie ihren Weg den. noch verfolgen, ja sie müsse ihre Sendung erfüllen, und schlimm. stens zu Fuß zum Könige eilen, wenn auch ihre Füße bis zu den Knieen dabei zu Grunde gingen. Ihre Stimmen hätten sie namentlich beauftragt, das von den Engländern schwer be. drängte Orleans zu entsetzen und den Dauphin in Rheims krönen zu lassen.

Wiederholt wies sie dabei auf die Sage hin, daß Frank. reich durch ein Weib verderbt sei, demnächst aber durch eine unschuldige Jungfrau aus den Marken Lothringens gerettet werden solle. Ohne Zweifel hatte diese Sage nicht wenig dazu beigetragen, den Gedanken an ihre göttliche Sendung in ihr zu erwecken und den Vorsatz in ihr zu befestigen, ein unbe. scholtenes Mädchen zu bleiben, weil sie als solches hoffte, der Sage gemäß, das Werkzeug zur Rettung ihres Vaterlandes zu werden.

Caze behauptet, daß dieselben edlen Frauen, welche die Heldin unterrichtet, sich als die heilige Katharina und die heilige

---

*) Vergl. die Aussage der Catharina Rotarius und ihres Gatten Henr. Rotarius. Quich. II. 447—449.

Margarethe verkleidet hätten, um ihr in solcher Gestalt zu erscheinen und sie zu ihrer Sendung zu begeistern. Es sollen jene Frauen aus den edlen Geschlechtern der Novelonpont, d'Ourches und Poulengy gewesen sein, was in einigem Zusammenhang damit stände, daß zwei Ritter de Poulengy und Novelonpont später stets ihre treuesten Begleiter waren.

Außer jenen Damen soll nach Caze auch ein Priester, Heinrich von Gaudricourt, im Bunde mit jenen besonders thätig gewesen sein, um den Fanatismus des jungen Mädchens durch die Entdeckung ihres angeblich königlichen Ursprungs zu begeistern.

Der gründliche Kritiker de Haldat (l'examen critique de l'hist. de Jeanne Darc, Nancy 1850) bezeichnet diese Behauptungen mit Recht als leere Erfindungen.

Endlich fügte sich Beaudricourt ihrer begeisterten Beredtsamkeit und versprach, sie zum Könige zu senden, ja er schenkte ihr selbst, hingerissen von ihrer Begeisterung, sogar ein Schwert.

Zuvor aber schickte er sie auf ihren Wunsch in Begleitung ihres Oheims Durant Laxart und des Jacob Alain nach dem berühmten Wallfahrtsort St. Nicolas, einige Meilen von Nancy, um sich im Gebet zu stärken. Dann kehrte sie nach Vaucouleurs zurück, wo mehrere Ritter sich um sie sammelten und sie zum Könige zu geleiten versprachen, so namentlich Jean de Metis, Bertrand de Poulengy und besonders Johann de Novelonpont, welcher auf ihren Wunsch ihr Mannskleider und Schuhe seines Dieners gab. Die Einwohner von Vaucouleurs, ergriffen von ihrer Begeisterung und ihrem kühnen Muth, gaben ihr gleichfalls noch einen Mannesanzug, ein

Schwert, Schuhe, Beinschienen und ein Pferd zum Werthe von 15 Franken.

Als sie so ausgerüstet und mit ihrem Pferde versehen war, begab sie sich nach einer Unterredung mit dem Maire von Chaumont (Quich. II. 406.) auf Verlangen des Herzogs Karl von Lothringen unter sicherem Geleit zu ihm. Derselbe hatte wahrscheinlich vom König Karl den geheimen Auftrag, sie näher zu prüfen. Sie gefiel ihm so wohl, daß er ihr unter Anderem ein schwarzes Roß und vier Franken als Beitrag zum Reisegelde schenkte, für jene Zeit eine nicht unangemessene Gabe.*)

II.
Johanna's Zug zum König.

Endlich begann sie eines Sonntags, den 13. Februar 1429, von Vaucouleurs, in Begleitung mehrer Personen, namentlich ihres Oheims Lazart, ihres Bruders Pierre (auch Pierrelot genannt), des Ritters Bertrand de Poulengy, Jean de Metis, Jean de Dieu-le-Ward und des Königsboten Collet de Vienne, den gefahrvollen Zug. Eine Menge von Menschen hatte sich versammelt. Die anfangs zum Theil noch zagenden Gefährten stärkten sich an ihrem Muthe und Gottvertrauen. Manche, die sie kurz zuvor noch für eine Wahnsinnige und Hexe ge-

---

*) Quich. II. 406. 437. 447.

halten und zu ihrer Festnehmung gerathen, wurden anderen
Sinnes, als sie ihre begeisternden Worte vernommen und ihr edles
Angesicht geschaut. Die sündlichen Gedanken, welche bei einigen
ihre Schönheit weckte, verwandelten sich vor der Würde ihrer
Erscheinung in Ehrfurcht.

Beaudricourt selbst, der wahrscheinlich erst am Hofe sich
Verhaltungs-Befehle erbeten und ohne Zweifel durch den Königsboten sie zu senden angewiesen war, gab ihr nun sogar noch
einen besonderen Empfehlungsbrief. Die Annahme, daß er
vom König den Befehl erhalten, sie zu senden, hat wol jeden=
falls mehr für sich, als die Behauptung verschiedener alter
Chroniken, daß seine plötzliche Willfährigkeit durch das Eintreffen ihrer Weissagung von der Niederlage der Franzosen
bei Orleans herbeigeführt sei, indem er von da ab an höhere
Eingebung geglaubt habe.

Weithin war inzwischen die Kunde von ihrem kühnen
Vorhaben durch das ganze Land geflogen. Karl von Lothringen
sandte ihr nachträglich einen Geleitsbrief und viele Edelleute
rüsteten sich, ihr nachzuziehen.

Ihre Eltern traf die Kunde von ihrem verhängnißvollen
Zuge fast wie ein tödtlicher Schlag. Die Verzweiflung warf
sie beinahe aufs Lager, doch fügten sie sich endlich, da auch
sie bald an eine göttliche Bestimmung glaubten. Johanna erhielt daher auf ein demüthiges Schreiben Verzeihung. Diese
brachte ihr wahrscheinlich ihr nachmals zu den Eltern zurück=
gekehrter gelieber Bruder Pierrelot, der später stets und überall
in ihrer Nähe weilte.

Ihre Reise war um so mißlicher, als nicht nur die Wege

zu jener Zeit grundlos, sondern auch rings von Feinden bedroht waren. Oft mußte sie durch Furthen oder schwimmend durch ausgetretene Flüsse vorwärts eilen. Nachts herbergte sie in vollem Anzuge und nahm sich so ehrbar, daß, wie Johann de Novelonpont versichert, er nicht einmal auf einen unziemlichen Gedanken kam.

Nur das Gottvertrauen und die schwärmerische Begeisterung Johanna's konnte die Ritter bewegen, nicht wieder umzukehren. Sie sprach ihnen lebhaft Muth ein: „Meine Brüder im Paradiese", versicherte sie, „haben mir gesagt, was ich zu thun habe." Auf die Frage, wie sie nur den Zug mitten durch die Feinde wagen könne, entgegnete sie: „Ich fürchte die Krieger nicht und werde den Weg frei finden. Begegne ich denselben aber auch, so hab' ich doch meinen Herrgott, welcher mir die Bahn zu meinem Herrn, dem Dauphin, öffnen wird."

Elf Tage und zwei Nächte brauchte sie, um von Vaucouleurs nach Chinon zu gelangen, wo sie Ende Februar 1429 ankam. Ihr Weg führte sie durch den berühmten Wallfahrtsort in der Touraine, Fierbois, wo sie in der Katharinenkirche, ihren Patroninnen geweiht, mehrere Messen hörte und sich für ihr Unternehmen nochmals begeisterte.

Dort war es auch, wo neben dem Altar sie das Schwert mit fünf Kreuzen bemerkte, das sie nachmals für sich erbat. Sie versicherte, daß ihre Stimmen es ihr nachgewiesen. Dasselbe Schwert soll sie später im Unwillen über ein lüderliches Mädchen bei Colange la Vineuse auf deren Rücken entzwei geschlagen haben. (Quich. I. 77.) Die Meinung verschiedener Schriftsteller, daß die Räthe des Königs ihn veranlaßt hätten,

Johanna zu sich zu bescheiden, hat viel für sich, denn der Ruf ihrer großen Heiligkeit und ihres Glaubens, daß sie von Gott gesendet sei, Frankreich zu retten, war bereits bis zu ihnen gedrungen. Sie meinten, die Begeisterung dieses Mädchens werde um so mächtiger auch den Muth des Heeres anfeuern, als ja vielfach die Sage verbreitet sei, daß Frankreich, zu Grunde gerichtet durch eine Frau, gerettet werden müsse durch den Arm einer unbefleckten Jungfrau. Dies stimmte bekanntlich mit dem Charakter jener Zeit, denn es gab damals viele Propheten. Je nach der Stimmung der Geistlichen ihrer Gegend starben sie den Feuertod oder genossen große Ehren. (Quich. aperçus S. 73.) So hatte Papst Benoit XIII. zu Avignon sich einer wahrsagenden Frau bedient, welche die bevorstehende Erscheinung einer Jungfrau verkündet hatte, was jetzt auf Johanna bezogen ward. In Folge dessen sei — behauptet man — Johanna wirklich nach Hofe beschieden worden. (Hist. de J. Darc par Charmettes.)

Zur Unterstützung dieser Erzählung wird auf Averdy Bezug genommen, welcher sagt, daß einer der Begleiter Johanna's einen Brief aus Chinon empfangen habe, dessen Inhalt er jedoch nicht angiebt. De Haldat meint zwar, es widerspreche dem Allen der ursprüngliche Empfang bei Beaudricourt und die erschwerte Zulassung durch die Minister, aber es spricht im Gegentheil dafür, daß der anfangs gegen sie so rauhe Beaudricourt plötzlich sie begünstigte, sowie die offenbar auf höhere Weisung erfolgte nähere Prüfung ihrer Persönlichkeit durch den Pfarrer Fourier, durch den Maire von Chaumont und den Herzog Karl von Lothringen, ingleichen ihre Begleitung durch den Königsboten. Hierzu kommt, daß der Zeuge Bertrand la Cloppe im Rechtfertigungs-Proceß ausdrücklich sagt (Quich. II. S. 411.), es sei ein gewisser Mensch aus Pareau-Barege nach Dom-Remy gekommen, um Johanna zu dem Maire von Vaucouleurs zu geleiten und er habe gehört, letzterer habe sie dem Könige empfohlen. Dabei ist nicht zu vergessen, daß der König, wenn er auch wirklich ihre Ankunft wünschte, doch natürlich sehr vorsichtig sein mußte, sich mit einer Person in nähere Beziehung zu setzen, welche ihn möglicher Weise sehr arg bloßstellen konnte.

Jedenfalls soll sie bei Karl VII. von Fierbois aus schriftlich angefragt haben, ob sie nach Chinon kommen dürfe, nachdem sie hundertfünfzig Stunden gereist sei, um ihm Hilfe zu bringen. Eine günstige Antwort muß wol erfolgt sein, da sie Donnerstag Mittag den 24. Februar 1429 in jener Stadt ihren Einzug hielt. In Chinon stieg sie unweit der Burg bei einer ehrbaren Gastwirthinn ab. Der König war damals in verzweiflungsvoller Lage. Seine ganze Baarschaft bestand nach den Berichten glaubhafter Zeitgenossen in wenigen Thalern. Alles verzagte. Da war die Kunde von Johanna's Auftreten erschollen, gleichsam die Erfüllung der alten Weissagungen von der Rettung Frankreichs durch eine unbescholtene Jungfrau, auf welche schon der Zauberer aus des Königs Arthur sagenvollem Reiche, Merlin, in seinen prophetischen Büchern hingewiesen haben soll. Dazu kam die Erzählung von der schon erwähnten Wahrsagerin, der Maria von Avignon, die, wie versichert wird, der Papst selbst unterstützt hat, welche kurz vor Johanna dem Könige gesagt habe, es seien im Traume ihr viele Waffen gezeigt. Da sie darüber einen heftigen Schreck empfunden, habe eine geheimnißvolle Stimme ihr zugeflüstert, sie solle sich beruhigen, diese Waffen seien nicht für sie, sondern für eine Jungfrau bestimmt, welche nach ihr kommen werde, um Frankreich zu befreien. Ein damals sehr geachteter Theologe, der Prof. Joh. Erault, erinnerte jetzt an diese Worte und erklärte wiederholt im Einverständniß mit vielen Anderen, Johanna sei die verkündete Jungfrau, was nicht wenig dazu mitwirkte, das Vertrauen zu ihr zu wecken. Noch höher aber stieg dasselbe, als sie auf Befragen von dem Eichenhain ihrer Heimath erzählte, weil man verkündet hatte, daß aus solchem die Befreierin Frankreichs kommen werde. Auch bestärkte es den Glauben an die Göttlichkeit ihrer Sendung nicht wenig, als ihre Verkündigung des nahen Todes eines gotteslästerlichen Kriegsknechtes fast unmittelbar in Erfüllung ging. Dieser war ihr im Februar 1429 auf dem Wege zum Könige begegnet und hatte sehr laut einen argen Fluch ausgestoßen, sie aber gesagt: „Bei meinem Gotte, du verleugnest ihn und bist doch so nah' an deinem Tode“ Eine Stunde später bereits war er todt; er ertrank im nahen Flusse.

Sehr begreiflich war es, daß, als sie sich meldete, der König sie nicht gleich vor sich ließ, sie vielmehr zwei Tage warten mußte, theils, weil der Dauphin überhaupt den unbeständigsten und wankelmüthigsten Charakter besaß, theils, weil man fürchtete, es könne lächerlich erscheinen, eine junge Schwärmerin, die man selbst im Verdacht der Zauberei habe, gleichsam in den Rath des Königs aufzunehmen. Man verlangte daher sogar noch, ehe man sie zum Könige lassen könne, von

ihr Wunder zur Bekräftigung ihrer Sendung. Vortrefflich
entgegnete sie: Man sende mich nach Orleans, dort werde ich
sichere Zeichen meiner Sendung geben; denn so ist es von Gott
verordnet. (Quich. I. p. 1—16. Aussage des Grafen Dunois.
Monstrelet IX., 8. Chronique 405.)

<hr />

III.
Johanna bei dem Könige. Ihre Persönlichkeit.

Endlich gelang es ihr, obgleich Karl durch Zweifel einiger
seiner Räthe wieder schwankend geworden war, vor den König
geführt zu werden, aber man wollte gleich ihren Scharfsinn
prüfen und schob den Herzog von Alençon als König vor.
Sei es durch Zufall, sei es durch einen gewissen Instinct, genug,
Johanna erkannte, wie sie später behauptete, auf Eingebung
ihrer Stimmen, glücklicher Weise in Karl den wirklichen König
und bezeichnete ihn als solchen vor der Schaar seiner Hofleute,
ungeblendet von den fünfzig Fackeln, welche den Saal erhell-
ten und von den dreihundert vornehmen Rittern, welche in
glänzenden Rüstungen den König umstanden, zum Theil reicher
geschmückt, als er selbst. Karl bemühte sich sogar persönlich,
um sie auf die Probe zu stellen und irre zu leiten, den reich
gekleideten Herzog ihr als König vorzuschieben und sprach:
„Hier steht der König!“ Aber sie ließ sich nicht beirren. Demuths-
voll, doch sicher, beugte sie vor ihm ihr Knie und, seine Füße
umfassend, sagte sie: „Bei meinem Gotte, edler Fürst, Ihr

seid es und kein Anderer. Gebe Gott Euch ein freudiges Leben!"

Da war Karl erstaunt und überwunden. Nun leuchtete ihr Glücksstern im hellsten Glanze. Von allen Seiten bewunderte man, daß sie mit übernatürlicher Kraft das Richtige zu finden wisse. Als sie aber dem Könige den Zweck ihrer göttlichen Sendung mit bescheidener, jedoch sicherer Stimme verkündet hatte, nahm er sie, allem Uebernatürlichen im Stillen huldigend, mit Freuden bei sich auf.

Ohne Zweifel wirkte auf ihn nicht nur das Wunderbare ihres ganzen Auftretens, sondern auch die Schönheit und das Würdige ihrer äußeren Erscheinung.

Obwohl damals kaum im 17., höchstens 18. Jahre ihres Alters, war sie doch groß von Gestalt. Aber sie war nicht bloß groß, sondern auch kräftig und dabei anmuthig in hohem Grade, voll Ebenmaß und jugendlicher Frische. Die Farbe ihres Gesichts und Halses war weiß und klar, von sanftem Roth gefärbt. Die schönen großen dunkelbraunen Augen leuchteten lebhaft unter der edlen hohen Stirn hervor und waren von herrlich gewölbten Augenbrauen umschattet. In ihrem Blick lag jene seelenvolle Schwärmerei, gemischt mit einer gewissen Wehmuth, welche unwillkürlich die Herzen zu sich zieht. Ihre Nase war gerade und fein, in richtigem Verhältniß zu der länglich runden Form ihres Gesichtes, der Mund sehr klein, umschlossen von zarten, frischen Lippen, unter welchen ein tiefes Grübchen sich zeigte. Ihr kastanienbraunes Haar war voll und weich, ihre Hände waren nervig, aber zierlich, ihre Finger länglich und fein. Der Ausdruck ihres Gesichtes

war voll Geist, voll Unschuld und voll Lieblichkeit, voll innigen
Gefühls und träumerischer Sehnsucht, zuweilen umdüstert von
einer sinnenden Schwermuth. Ihre Stimme hatte einen sanf-
ten, höchst wohltönenden Klang und was sie sprach, athmete
Geist und Ueberlegung. Ihr Betragen war so edel, daß man
hätte glauben sollen, sie sei in der feinsten Gesellschaft am Hofe
aufgewachsen. Der ganze Eindruck ihres Gesichts und ihrer
wohlgebildeten Gestalt war schön zu nennen.

Nach einigen Fragen des Königs rief sie in einem Augenblick der Begeisterung: „Ich bin gesandt von Gott, um Deinem
Reiche Hilfe zu bringen. Ich heiße die Jungfrau Johanna
und soll Dir vom Könige des Himmels Heil verkünden, denn
ich sage Dir im Namen unseres Gottes, daß Du der wahrhafte Erbe Frankreichs und der Sohn seines Königs bist, und
daß Du gekrönt wirst zu Rheims.“

Der König zog sich demnächst auf ihren Wunsch zu einer
geheimen Unterredung mit ihr zurück, wobei sie ihm noch
mehrere Geheimnisse entdeckt haben soll. Aber der oft unent-
schlossene Fürst war noch nicht fest in seinem Vertrauen. Auch
er forderte bald noch besondere Zeichen ihrer göttlichen Sendung.
Da sagte sie auch zu ihm: „Vor Orleans werd’ ich Dir sie
geben, jedoch nicht an einem anderen Orte, denn so ist es von
Gott bestimmt.“ Aber Karl, dem seine Camarilla, bestehend
aus la Tremouille, Reinold de Chartres, Robert le Maçon,
Raoul de Gaucourt und Andern wiederholt Mißtrauen ein-
flößte, befahl, sie durch eine Commission geistlicher und welt-
licher Männer zu Poitiers, dem damaligen Sitze des Parlaments
und einer berühmten Universität, sorgfältig zu prüfen; dem-

nächst sollten diese Männer berichten, ob er den Verkündigungen Johanna's mit der Zustimmung Gottes vertrauen und ihren Beistand annehmen dürfe.

Als sie dort hin ging, sagte sie: „Gott, dort werde ich viel zu thun finden, aber meine Hilfe kommt von oben! Vorwärts in Gottes Namen!" Ihre Wohnung fand sie im Hause des Parlaments-Anwalts Rabateau, wo viele Tausende von Neugierigen sie umdrängten. Auch vor der zahlreichen Versammlung vornehmer Prälaten und Juristen, den Erzbischof von Rheims an der Spitze, blieb sie ruhig und besonnen. Ihr edles Wesen und Benehmen, ihre klugen Antworten, ihre Einfachheit und die Wahrhaftigkeit in ihrer ganzen Erscheinung riß auch die ungläubigsten Zweifler mit sich fort.

Viele wurden durch ihre Worte und die Lieblichkeit ihres unschuldvollen Auftretens so gerührt, daß sie heiße Thränen vergossen und erklärten, sie sei wahrhaft von Gott gesandt. Auf die Frage, warum sie keine Frauenkleider trage, entgegnete sie schon damals: „Da ich dem edlen Dauphin im Felde dienen soll, so muß ich angemessene Kleidung tragen. Auch werde ich, unter Männern lebend, diesen gleichsam als Mann erscheinen und im Denken und Thun meine Tugend besser bewahren." *)

Als Wilhelm Aymer zu ihr sagte: Ihre Stimme verkünde ihr Frankreichs Rettung, wozu es da des Krieges bedürfe, den sie begehre? antwortete sie mit kräftigem Tone: „Bei meinem Gotte, die Krieger werden kämpfen und Gott wird

---

*) Chronique de la Pucelle p. 299.

den Sieg verleihen." Ahmer schwieg in großer Befriedigung. Dagegen fragte sie nun der Doctor der Theologie Seguin, in seinem widerlichen Dialect von Limousin, kaum verständlich: In welcher Mundart ihre Stimme zu ihr rede? Johanna, ihn unwillig anblickend, entgegnete rasch und fast zu keck: „In einer besseren als die Eurige!" Ja als er fragte, ob sie an Gott glaube, versetzte sie: „Mehr als Ihr!"

Als auch dort Viele, unter ihnen auch Seguin, Zeichen der Aechtheit ihrer Sendung von ihr verlangten, sagte sie ähnlich, wie kurz zuvor zum König, voll edler Würde: „Bei meinem Gotte, ich bin nicht hierher gekommen, um Zeichen zu thun, aber geleitet mich nach Orleans und es soll Euch dort an Zeichen meiner Sendung nicht fehlen."

Sie schied endlich von ihren Prüfern mit folgenden vier sämmtlich eingetroffenen Weissagungen:

1. Orleans werde nach Besiegung der Engländer befreit werden;

2. die Krönung Karls werde zu Rheims erfolgen;

3. Paris werde sich dem König ergeben;

4. der gefangene Herzog von Orleans werde aus England heimkehren.

Die prüfenden Gelehrten fanden an ihr nur Rühmliches. Sie lobten ihre Demuth, Frömmigkeit und aus Gott stammende Begeisterung.

Um auch die zu widerlegen, welche dennoch versicherten, daß sie vom Teufel besessen sei, beschlossen sie eine Probe, welche zu jener Zeit als untrügliches Zeichen galt, daß der Satan keine Macht über sie habe. Sie baten nehmlich des Königs

Schwiegermutter, die würdige Königin Yolanda von Sicilien, und einige andere adlige Frauen des Hofes, zu erforschen, ob sie jemals heimlicher Lust gefröhnt; denn es galt damals die Meinung, daß eine wahrhafte Jungfrau, welche sich die Reinheit des Herzens erhalten, vom Teufel nie besessen sein könne. Als nun jene würdigen Frauen die sittliche Reinheit Johanna's bezeugten, erklärten die weisen Herren: sie sei in Wahrheit gesandt von Gott und es heiße dem heiligen Geist widerstreben und der Hilfe Gottes sich unwürdig machen, wenn man noch länger an der Göttlichkeit ihrer Sendung zweifeln wolle. (Averdy 313. Chronique 303, 406. Charmettes I. 49.) Man wies ihr einen der Thürme des Schlosses zu Couldray als Wohnung an. Der Ober-Hof-Meister des Königs mußte ihr zu ihrer Aufwartung und Gesellschaft den 15jährigen Junker von Contes zuordnen, der nun täglich, aber nur bis Abends um sie war. Dann duldete sie nur Frauen um sich.

IV.
Johanna's Zug nach Orleans.

Von dem Augenblick des Ausspruchs der Prüfungs-Commission gewann auch anderweit Alles eine andere Gestalt. Die tief gesunkene Hoffnung hob ihr Haupt mit neuer Kraft empor. Die Kriegsanführer, welche sich bereits in die Heimath entfernt, riefen ihre entmuthigten Schaaren zurück.

Die Nachricht von dieser glücklichen Wendung der Dinge

drang bald auch zu den Mauern von Orleans. Der Gedanke an die nahende göttliche Hilfe erfüllte die Herzen der tapfern Krieger, welche diesen letzten Wall der rechtmäßigen Monarchie vertheidigten, mit neuem Muthe. Ruhiger blickten sie jetzt auf die zahlreichen Schaaren der Engländer, welche die Stadt rings eingeschlossen und ihr Lager mit gewaltigen Schanzen geschützt hatten, die man damals Bastillen nannte. Die alte mehr erwähnte Weissagung, daß eine unbefleckte Jungfrau Frankreich retten werde, fand jetzt auch dort allgemeinen und gläubigen Eingang.*)

Alle sahen in der edlen Erscheinung Johanna's diese verheißene Retterin. Ein Waffenschmied aus Tours mußte auf königlichen Befehl das schon erwähnte Schwert aus der Kirche zu Fierbois holen. Er fand es, wie man versichert, an der von Johanna bezeichneten Stelle, kenntlich an 5 Kreuzen, ganz verrostet.**)

Die Mönche von der Kirche zu St. Catharina ließen es mit einer rothen Sammetscheide umhüllen, die mit Lilien übersäet war. Die Bürgerschaft jener Stadt schenkte sogar dazu einen reichen Ueberzug von Goldstoff, wofür jedoch Johanna's einfacher Sinn später eine Lederscheide wählte. Auch ward auf ihr Begehr eine weiße Fahne für sie gestickt und geweiht. Diese wurde nach ihrer Anordnung gemalt. Sie hatte ein großes weißes Feld, in welchem man Christus auf einem Thron erblickte, von Lilien umglänzt und von Wolken umgeben,

*) Averdy p. 305. Charm. I. 327. Barante V. 274.
**) Chronique p. 307. Barante VI. 120.

die Weltkugel haltend. An den Seiten des Heilands schweb-
ten zwei anbetende Engel, über welche jener segnend die Rechte
emporstreckte. In der Hand des andern Engels sah man eine
Lilie. Auch waren darauf die Namen Jesus Maria mit
Seide eingestickt. Sie versicherte dem König auf sein Andringen zögernd: auf Befehl ihrer Schutz-Patroninnen, der heiligen
Catharina und Margaretha habe sie das Banner malen lassen,
diese hätten ihr gesagt: „Empfange es von dem Himmels-
König und trage es mit Muth!" (Quich. I, S. 303 u. 78.)

Einen vorzüglich günstigen Eindruck machte die Nachricht von Johanna's Erscheinung auf zwei der tapfersten Vertheidiger von Orleans, auf den Herzog Johann von Alençon
und den Grafen Dunois. Jener war selbst nach Chinon
gekommen, um sie kennen zu lernen. Entzückt von ihrer edlen
Erscheinung und ihrer Gewandtheit im Handhaben der Lanze
und des Rosses schenkte er ihr einen schönen Renner.

Von Tage zu Tage stieg nun ihr Ansehen, es wuchs
noch mehr, als auch die heimlich in ihrer Heimath, namentlich durch Minoriten-Mönche, eingezogenen Erkundigungen
durchaus günstig lauteten. Selbst ihr Widersacher Séguin
berichtet, daß die, ihr unbewußt, zu Aufpasserinnen bestimmten
Frauen, ihr das vorzüglichste Zeugniß ertheilt hätten. Die
Frau ihres früheren Wirthes Rabateau und des Unterhofmei-
sters Wilhelm Beltier, welche zuletzt der König sie zur besonderen Obhut überwiesen, rühmten sie als ein Muster der Frömmigkeit. Ihr Page, Ludwig von Contes, erzählte, daß sie
oft ganz heimlich unter heißen Thränen auf ihren Knieen für
Frankreich und den König Carl gebetet. Selbst der Bischof

von Chartres war von ihrer hohen Frömmigkeit und edlen
Begeisterung so hingerissen, daß er laut und öffentlich mit
wahrhaftem Enthusiasmus erklärte: sie sei in Wirklichkeit die
verkündete, von Gott gesendete Retterin des Vaterlandes.

Viele, welche voll Vorurtheils zu ihr gekommen, schieden
mit Thränen, entzückt von ihrer holdseligen einfachen Frömmigkeit. Fortwährend aber mahnte sie, als sie nach Chinon zurück-
kam, statt des vielen Berathens zu Thaten. Selbst ihre Mutter,
welche durch alle Mühsale und Gefahren der theuren Tochter
bis Chinon gefolgt war, konnte ihren Entschluß auch jetzt nicht
hemmen, wie immer auch die gefühlvolle Tochter mit Zärtlichkeit an der treuen Mutter hing.

Endlich ward ihr gestattet, mit Lebensmitteln, Kriegsvor-
räthen und einer Schaar von Reisigen dem hartbedrängten
Orleans zu Hilfe zu eilen.

Der König schenkte ihr eine schöne Rüstung und beauftragte den tapfern Johann von Aulon aus des Grafen Dunois
Gefolge, als Marschall ihre persönliche Sicherheit zu über-
wachen. Zugleich erhielt sie außer Ludwig von Contes und
einem gewissen Raymond, an Guienne und Ambleville zwei
Herolde, ja überhaupt ein glänzendes Geleit, wie es damals
bei Feldherrn üblich war. Den Pater Johann Pasquerel vom
Orden der Einsiedler des heiligen Augustin, damals Lector in
einem Kloster zu Tours, wählte sie zu ihrem Beichtvater und
er folgte ihr mit treuer Hingebung auf allen ihren Zügen.

Als sie in Chinon von dem Könige schied, sagte sie unter
Anderem: Bei Orleans werde sie durch einen Pfeil verwundet
werden, was aber in ihrer Laufbahn sie nicht hemmen solle.

Diese Vorhersagung, welche, wie sich bald zeigen wird, wunderbarer, aber leicht erklärlicher Weise vollständig eintraf, meldete schon am 23. April 1429, also mehrere Wochen vor dem Eintreffen, der brabantische Edelmann von Rotslaer nach seiner Heimath in einem Briefe, der noch jetzt in beglaubtem Auszug auf der Bibliothek zu Paris aufbewahrt wird.

Am 24. April 1429 konnte Johanna endlich zu ihrer großen Freude von Tours aufbrechen, nachdem mit vieler Mühe die nöthigen Gelder und Vorräthe herbeigeschafft waren. Mit ihr zog der Erzbischof von Rheims, der Kanzler des Königreichs, und der Ober-Hof-Meister des Königs, der Herr von Gaucourt. Sie ging zunächst über Blois, wo außer dem tapfern Lahire noch die Marschälle von Rayz und St. Sevère sich dem Zuge anschlossen. Dieser bestand aus etwa 6000 Kriegern, welche der tapfere Florenz von Illiers noch durch eine beträchtliche Schaar vermehrte. Begeistert durch die Kühnheit der Jungfrau, eilte er mit 400 Reisigen und dem Bruder Lahire's, sich durch die Engländer durchzuschlagen, um den zagenden Kämpfern in Orleans die nahe Ankunft ihrer Retterin zu verkünden.

Der Zug ging voll freudiger Zuversicht durch jene schönen Gefilde voll Rosenhainen, silberhellen Bächen, Obstpflanzungen und Wäldern, erfüllt von fröhlich singenden Vögeln, die man mit Recht die Gärten von Frankreich nennt. Voran zog ihr Beichtvater, dem sie eine Fahne geschenkt, auf welcher der Heiland am Kreuze dargestellt war. Diese Fahne sollte er entfalten als heiliges Sammlungs-Zeichen für die fromme Schaar. Jeden Morgen und jeden Abend mußte er auf ihren Wunsch die sämmtlichen Krieger um das heilige Banner sammeln, damit er durch Gebet und Psalmen sie stärke. Sie selbst, knieend unter den Knieenden, sandte voll heiliger Inbrunst ihr stilles Gebet zum Himmel. (Vgl. Fouqué a. a. O.)

Je unheilvoller die Zeit war, desto mehr schien sie Anklang und Glauben zu finden. Ueberall waltete Noth, Jammer, Zerrissenheit. Gräuliche Mißgeburten, Mißwachs, verheerende Seuchen, Hungersnoth bildeten die Begleiter des Bürgerkrieges, der Frankreich verheerte. Gerade damals war auch und zwar zuerst den 16. April 1429 der Barfüßer-Mönch Richard zu Paris aufgetreten. Unter der Verkündigung naher Wunder hatte er in der Kirche der heiligen Genofeva, dann in der Kirche der unschuldigen Kindlein, vor vielen Tausenden Buße gepredigt. Am Tage des heiligen Marcus hatte er in Klein-Boulogne bei St. Cloud so erschütternd zur Buße gemahnt, daß die Pariser sofort auf gewaltigen Scheiterhaufen ihre langen Schleppen, falsche Locken, Pretiosen und Spielkarten in einer Anwandlung den Flammen übergaben. (Vgl. Fouqué a. a. O.)

Alle Anführer waren angewiesen, ohne vorgängige Berathung mit Johanna durchaus nichts zu unternehmen und ihrem Willen sich gänzlich zu unterwerfen. Als sie daher es rathsam fand, durch die sogenannte Bearne gegen Orleans vorzudringen, die Hauptleute und selbst Dunois dies aber für zu gewagt hielten, täuschten sie dieselbe und gaben die Sologne für die Bearne aus. Durch jene ging nun der Zug, die Priester voran, welche heilige Lieder singen mußten, namentlich den Psalm: Komm, o schaffender Geist (Veni, creator spiritus). Alles unnütze Gepäck, alle frechen Weiber waren vor dem

Abmarsch auf Johanna's Anordnung von dem Heere entfernt. Am 27. u. 28. April übernachtete die muthige Schaar im freien Felde. Die Heldin schlief in ihrer Rüstung, so unbequem es ihr auch war. Stets ermahnte sie zum Gottvertrauen und wiederholte mehrmals: Wenn sie in Gottes Gnade sei, so werde seine Hilfe den Sieg verleihen!

Am 3. Tage des Zuges erschaute sie zum ersten Male — es war am 29. April 1429 — von einem hohen Hügel das ersehnte altehrwürdige Orleans am grünen Ufer der Loire. Mit hohem Unwillen sah sie sich auf dem linken, statt auf dem rechten Ufer des Flusses. Sie sprach sich namentlich gegen Dunois tadelnd darüber aus, weil, wie sie sofort mit richtigem Scharfblick erkannte, von der anderen Seite die Vorräthe leichter hätten in die Stadt gebracht werden können, ohne eine Ueberschiffung nöthig zu haben. „Bei Gott," sagte sie, „der Rath des Herrn ist sicherer, als der Eurige. Mich habt Ihr gewähnt zu täuschen und Euch habt Ihr mehr als mich betrogen, denn ich bringe Euch die beste Hilfe des Himmels, die von Gott selbst ausgeht, nicht von mir, von Gott selbst, der auf das Flehen des heiligen Ludwig und des großen Karl sich der Stadt Orleans erbarmt hat und nicht zulassen will, daß die Feinde zugleich den Herzog von Orleans selbst in ihrer Gewalt haben und auch seine Stadt!"

Nach neuer Berathung wurde die Einschiffung der Vorräthe in einer Bucht bei dem Dorfe Checy beschlossen, sobald günstiger Wind eintrete. Da ermuthigte sie voll Ungeduld, versichernd, der Wind würde sich unverzüglich wenden, und in Wahrheit, er wandte sich, ja Pasquerel behauptet, die Fluth

sei gewachsen, um die rettenden Schiffe aus der Stadt und
wieder dorthin zu tragen.

Dunois und der tapfere Rhodus-Ritter Nicolaus von
Giresme leiteten die Einschiffung und jener bat Johanna, zu
welcher er nun plötzlich großes Vertrauen gewonnen, ihn zur
Stadt zu begleiten, wo Alles voll Ungeduld ihrer harre. Da
mannigfacher Zwiespalt herrschte, ja Viele nach Blois zurückkehren wollten, gab sie seinen Bitten nach. Ihren Beichtvater
bei den Truppen lassend, bestieg sie mit Dunois dessen Schiff,
ihre Fahne in der Hand, begleitet vom Marschall St. Sevère,
dem Ritter von Aulon, ihrem Pagen Ludwig von Contes,
La Hire und Anderen. Nur 200 Lanzenträger auf anderen
Kähnen bildeten ihre Bedeckung. Abends gegen 7 Uhr stieg
sie glücklich ans Land und ritt nun, von mehreren Hauptleuten
begleitet, nach dem westlichen Thor von Orleans. Die Engländer waren so überrascht und erstaunt, daß sie auch nicht
einmal versuchten, ihren Zug zu hemmen. Um 8 Uhr Abends
langte sie am Thore an. Sie saß in stattlicher Haltung hoch
auf ihrem weißen Roß, das damals nur üblich war für fürst-
liche und besonders ausgezeichnete Personen. Ihre glänzende
Rüstung schimmerte hell beim Licht der Fackeln, welche nach
der scheidenden Abendsonne die Straßen erleuchteten. In ihrer
linken Hand hielt sie das weiße Banner mit dem Christusbilde,
in der rechten eine Lilie. Als dabei der volle Ausdruck edler
Begeisterung und reinster Frömmigkeit aus den lieblichen Zügen
des schönen Angesichts strahlte und die Bewohner Orleans
die neuen Hilfsschaaren und reichen Vorräthe erblickten, hallte
der Jubel des Volks und der Besatzung in höchster Schwär-

merci zu den Wolken empor. Links an Johanna's Seite ritt
der Graf Dunois, der Bastard von Orleans, in reicher Rüstung. Hinter ihr folgten viele vornehme Ritter. In immer
dichteren Schaaren umströmte sie das Volk voll Jubels und
Entzücken, Männer und Frauen mit Fackeln, Alle sie mit
lautem Zuruf als Retterin begrüßend. Beglückt hielt sich, wer
ihre Kleider, ja auch nur ihr Roß berühren durfte. Viele
küßten ihre Hände, ja ihre Füße, welche Zeichen der Verehrung
sie bescheiden ablehnte. Bei dem gewaltigen Gedränge kam ein
Fackelträger ihrem Banner zu nahe und schon hatte die Flamme
dessen Spitze ergriffen, als Johanna entschlossen ihr Roß
wandte und den Brand löschte. (Vgl. Fouqué a. a. O.)

Hiernächst war ihr erster Gedanke an Gott. Sie verlangte,
daß man sie zur Hauptkirche geleite. Die Menge folgte in
Bewunderung und stiller Ehrfurcht. Sie kniete demüthig nieder und betete mit Inbrunst. Dann mahnte sie die Umstehenden zum Vertrauen auf den Herrn und meinte, daß, wenn
sie voll Zuversicht auf Gott blickten, ihnen der Feind nichts
werde anhaben können.

Von der Kirche geleitete man sie in das Haus des her-
zoglichen Schatzmeisters Boucher, eines reichen Einwohners von
Orleans, nicht fern vom Thore Regnart. Dort sollte sie unter
dem Schutze von dessen Frau, die in hohem Ansehen stand,
ihre Wohnung nehmen. Man hatte für sie ein köstliches Mahl
bereitet, aber sie genoß nur ein Wenig Wein mit Brod. Dann
eilte sie zur Ruhe auf ihr Zimmer, wo Bouchers Tochter bei
ihr schlief.

V.
Die Befreiung von Orleans.

Am nächsten Morgen, im Kriegsrath bei Dunois, drang Johanna darauf, ungesäumt die Begeisterung der Truppen zu benutzen, um sie zum Sturm gegen die Engländer zu führen. Lahire und andere muthige Männer unterstützten sie, nur Johann von Gamache, der Oberjägermeister von Frankreich, bekämpfte in bitterer und heftiger Weise ihre Vorschläge, ja er wollte seine Stelle niederlegen, wenn diese durchgingen. Mit nicht geringer Mühe beschwichtigte Dunois den Zwiespalt und bewog Johanna, dem Gamache ihre Wange zu einem versöhnenden Kusse zu bieten. Aber die zögernde Partei siegte. Voll Schmerz begnügte sich die Jungfrau jetzt, den Engländern, wie sie schon in einem Schreiben vom 26. März 1429 gethan, nochmals eine dringende Mahnung zum Abzug durch ihre Herolde zuzusenden. Auch diese Aufforderung brachte ihr nur den Hohn ihrer Feinde, ja sie behielten den einen Herold Guyenne zurück und ließen durch den andern Ambleville melden, daß sie jenen und Johanna selbst verbrennen würden, sobald sie dieselbe in ihre Gewalt bekämen. Dennoch wagte sie sich persönlich bis dicht vor die feindlichen Schanzen und forderte vom Bollwerk zum schönen Kreuz nochmals die Engländer persönlich auf zum Abzuge. Sie antworteten nur durch neuen Hohn und der wallisische Hauptmann Glacidas namentlich durch gemeine Schimpfreden. Als er Johanna selbst mit

einem ehrenrührigen Schmähworte belegte, rief sie lebhaft:
„Das lügst Du! Aber Ihr werdet doch abziehen müssen.
Du jedoch wirst es selbst nicht mehr erschauen, auch viele
Deiner Kampf-Genossen nicht, denn Euer Leben wird Gott
nehmen!"

So sehr auch die Engländer sie verhöhnt hatten, so war
doch ihre ganze Erscheinung nicht ohne mächtigen Eindruck
geblieben. Eine große Zahl der feindlichen Schaaren glaubte
jetzt wirklich daran, daß eine übernatürliche Macht, eine Art
Zauberin oder Schutzpatronin den Franzosen zu Hilfe gekommen sei.*) Kein Wunder daher, daß die englischen Truppen
wie gelähmt blieben, als Johanna am anderen Tage den
muthigen Dunois mit seiner kleinen Schaar auf den Weg nach
Blois geleitete, von wo jene die Hilfstruppen zur Stadt führen wollten. Auch bei ihren kecken Beobachtungs-Zügen
wagten sie sich nicht aus ihren Schanzen. So wuchs der
Muth der französischen Schaaren und der Bürger von Orleans.
Alle folgten ihr voll Vertrauen, wie einer Heiligen. Ihre edle
ritterliche Haltung und ihr muthiges, dabei aber doch so einfaches Wesen riß Alle zur Bewunderung hin. Sie selbst zeigte
sich nur ungern öffentlich. Am liebsten weilte sie in der
Kirche oder in stillem Gebet, gern aber auch im Kreise ehr-
barer Frauen. Viele, auch den tapfern Gascogner Lahire,

---

*) Mit Unrecht ficht de Halbat die Behauptung Humes in seiner
Geschichte Englands an, welcher gleichfalls den gewaltigen Eindruck auf
die Engländer dadurch erklärt, daß man sie für eine wirkliche Zauberin
gehalten.

bekehrte sie zu frommer Gesinnung. Um ihm das Fluchen abzugewöhnen, gab sie ihm gleichsam einen unschuldigen Ersatz-Fluch: „bei meinem Stock", den er, hingerissen von ihrer edlen Erscheinung und überwältigenden sittlichen Uebermacht, in ihrer Gegenwart nun stets willig gebrauchte.

Zu Blois hatte Dunois, der die Hauptmacht der Hilfs-truppen nach Orleans führen sollte, inzwischen einen schweren Stand. Der Erzbischof von Rheims und der Kanzler Reinald von Chartres hielten es zu gewagt, durch die Bearne, wie er nebst Johanna wollte, auf die Hauptmacht der Engländer loszubrechen. Nur, als er begeistert schilderte, wie bisher Alles, was die Jungfrau gerathen, gelungen sei, traten ihm die andern bei. Nun ging das Heer bei Blois auf das rechte Ufer der Loire. Es drang durch die zwei feindlichen Bastionen London und St. Laurent. Sobald die Thurmwachen das An-rücken meldeten, eilte Johanna zu Roß mit Lahire, Villars, Florenz von Illiers, und andern tapfern Rittern, an der Spitze von 500 Reitern dem Hilfsheer entgegen. Aber es bedurfte ihrer Deckung nicht. Die Engländer staunten und standen wie erstarrt. Ohne Anfechtung ließen sie die feindlichen Schaaren durch ihre Reihen ziehen. Regungslos blickten sie von ihren Schanzen auf den wunderbaren Zug, an dessen Spitze die Geistlichen von Blois in feierlicher Amtstracht ein-herschritten. Allen voran ging Johanna's Capellan. Er trug hocherhaben sein großes weißes Banner und wandelte, Psalmen singend, so ruhig und majestätisch einher, wie ein Priester bei einer Prozession des Friedens. Ohne Zweifel trug gerade diese geistliche Beimischung und die Feierlichkeit des Zuges nicht wenig dazu bei, die Engländer in dem Glauben, die todesmuthige Jungfrau sei eine Heilige, zu bestärken. (Fouqué S. 302. Hume's Geschichte von England Th. I S. 157.)

So kam Johanna abermals völlig ungehindert mit den Hilfstruppen und den großen Vorräthen glücklich in die Stadt, wo endloser Jubel sie empfing. Dieser steigerte sich bis zum Enthusiasmus, als sie den glücklichen Einwohnern mit prophetischer Stimme verkündete, daß nach 5 Tagen jeder Engländer bei Orleans verschwunden sein werde.

Bald darauf erfuhr Johanna, daß den Engländern durch den Hauptmann Fastolff neue Verstärkung an Truppen und Vorräthen zugeführt werden solle. Sofort beschloß sie, diese abzuschneiden und verlangte daher bestimmt von Dunois unverzügliche Meldung, sobald jener nahe. Eingedenk der frühern Täuschung in Bezug auf die Bearne sagte sie lebhaft: „Bastard, Bastard, im Namen Gottes befehle ich Dir, bei der ersten Meldung von dem Nahen Fastolffs, mir solche mitzutheilen. Denn kommt er durch, ohne daß ich's erfahre, so laß ich Dir das Haupt abschlagen."

Der sonst so kecke Dunois gelobte ehrerbietig Gehorsam.

Bald danach suchte sie an der Seite der Tochter ihrer Wirthin einigen Schlummer zur Stärkung von ihren Mühen. Plötzlich jedoch sprang sie ungestüm auf und verlangte nach ihrer Rüstung. Es fließe französisches Blut, während sie müßig sei, sagte sie. Ihre Stimmen hätten ihr dies verkündet. Noch war zwar Alles ruhig, indessen beeilte sich Aulon, auf ihr entschiedenes Gebot, sie schleunigst zu waffnen. Da erklang von der Straße klagendes Geschrei, daß vor den Thoren eine

Schaar von Franzosen durch die Engländer niedergemetzelt werde.

Schnell flog sie auf ihr Roß, so schnell, daß sie in der Eile ihr Banner vergessen hatte. Aber auch dadurch ward sie nicht beirrt. Um keine Minute zu verlieren, ließ sie sich solches durch ihren Edelknaben aus dem Fenster reichen und sprengte nun so sicher nach dem Burgundischen Thore, als ob Jemand ihr den Weg gewiesen. Aulon und der 15 jährige Page Ludwig von Contes holten sie erst wieder ein bei jenem Thore, wo die zurückdringenden Flüchtlinge sie hemmten. Einige tollkühne Hauptleute hatten eigenmächtig eine Schaar gegen die Schanze von St. Loup geführt und waren nach tapferem Kampfe zurückgeschlagen. Als sie viele Verwundete sah, rief sie voll Schmerz: „Wie kann ich französisches Blut fließen sehen, ohne daß sich das Haar mir auf dem Haupte sträubt?"

Dann trieb sie die Weichenden wieder vorwärts, hoch zu Roß, Allen voran, das Banner über ihrem Haupte schwingend. Aulon und Dunois folgten mit frischen Schaaren. Ermuthigt durch Johanna's Kühnheit, stürmten sie unter Jubel und lautem Schlachtgeschrei vorwärts gegen die Schanze von St. Loup. Talbot eilte zum Schutze der Bedrängten herbei, aber der Marschall St. Sévère schlug ihn mit Hilfe einer neuen Schaar zurück. Nach kurzem Kampf war die Bastei St. Loup erobert. Mehr als hundert Engländer blieben auf dem Platze, über vierzig wurden gefangen. Sie befahl nun die sofortige Zerstörung der Schanze und ordnete dann ein Dankgebet an für den so schnellen Sieg.

Tags darauf ließ sie eine nochmalige schriftliche Aufforderung aufsetzen und durch einen Pfeil in das englische
Lager schießen. Sie bemerkte ausdrücklich, daß diese Aufforderung
die dritte, aber auch die letzte sei, und daß sie keinen Herold
mehr sende, weil sie gegen alle Kriegssitte die Herolde gefangen
hielten. Endlich erlangte sie zwar die Rückgabe ihres Heroldes
Guyenne, dagegen ließen die Engländer ihr wiederholt drohen,
sie zu verbrennen, wenn sie nicht heimkehrte, ihre Heerden zu
hüten. (Fouqué S. 318.)

Am 6. Mai 1429 ließ Glacidas die Bastei St. Jean
le Blanc selbst in Brand stecken, ehe noch die Franzosen sie
stürmten, und zog sich entmuthigt zurück. Nun wollten die
Führer nach Orleans heimkehren, zufrieden mit diesem Erfolge,
aber Johanna trieb begeisternd vorwärts, um den weichenden
Feind zu verfolgen und die Augustiner-Bastei zu stürmen.
Da ertönte ein wildes Geschrei. Es hieß, die Engländer zögen
mit großer Uebermacht von St. Privé heran. Sofort entstand
eine wilde Flucht, Alles drängte nach der Loire zurück und
selbst Johanna ward von dem Strome der Fliehenden bis nach
der Insel mit fortgerissen. Die Engländer erhoben ein gewaltiges Triumphgeschrei. Dieses durchschnitt ihr das Herz.
Schnell entschlossen sprang sie von der schmalen und schwanken-
den Schiffbrücke, da sie durch das Gedränge sich nicht durch-
arbeiten konnte, in einen Kahn. Ihr gebieterisches Wort zwang
die zagenden Schiffer, vorwärts zu rudern, während sie ihr
Pferd schwimmend durch die Fluth nachzog. La Hire folgte
in gleicher Art. So gelangten sie glücklich an das andere
Ufer und schwangen sich wieder auf ihre Rosse. „Im Namen

Gottes! Frisch auf den Feind!" rief sie und stürzte sich auf die Engländer.

Ihr Muth entflammte viele Andere, die nun beherzt ihr folgten und wirklich ward der Feind zurückgeschlagen. Allen voran war sie auch hier, obwohl an der Ferse durch eine Fußangel verwundet. Neben ihr kämpften besonders tapfer der Spanier Alfons de Pardada und Aulon. Gegen Abend war die Schanze erstürmt. Erst spät kehrte sie, vornehmlich des Anstandes wegen, da eine weitere Verfolgung nicht thunlich war, mit ihrem Pagen in die Stadt zurück. Als demnächst ein Ritter ihr im Namen des Kriegsraths meldete, daß dieser für zweckmäßig halte, nunmehr, wo die Stadt wieder neue Vorräthe habe, keinen weitern Ausfall zu wagen, rief sie voll Unwillen und voll Begeisterung:

„Ihr erwägt die Sache mit Euren Räthen, ich mit den meinen. Glaubt mir, des Herrn Rath wird bestehen, der Menschen Rath aber untergehen." Ihrem Caplan sagte sie: „Steht morgen mit der ersten Dämmerung auf, bleibt in meiner Nähe und nehmt alle eure Kräfte zusammen, denn morgen wird für mich viel mehr zu thun sein, als jemals. Vor der Bastei des Brückenkopfes werd' ich verwundet werden!"

Darauf eilte sie erschöpft auf ihre Lagerstatt zu der Frau ihres Hausherrn. Ihr Schlaf war indessen höchst unruhig, denn ihr Geist umschwebte stets ihre Schaaren vor den Schanzen, wo sie einen Ueberfall fürchtete. Indessen zogen sich im Gegentheil die Engländer Nachts auf Kähnen über die Loire zurück nach der Schanze St. Laurent, nachdem sie die Bastei St. Privé angezündet.

Tags darauf, nach gehörter Messe, trieb sie rastlos zum

4

Angriff. Ihre Worte begeisterten Alle, die ihr nahten, selbst
die Bürger der Stadt jauchzten ihr Beifall, als sie vorschlug,
mit vereinter Kraft die Schanzen anzugreifen. Ihr Wirth, der
Schatzmeister, ängstlich um sie besorgt, wollte sie nicht fortlassen.
Unter dem Vorwand, daß sie ja noch nüchtern sei, lud er sie
dringend ein, noch zuvor einen eben gekauften Fisch mit ihm zu
verzehren. Aber Johanna lehnte die Einladung dankend ab.

„Bewahrt", sagte sie, „den Fisch zum Abend; dann bring'
ich Euch einen Godon*) mit, der sein Theil daran haben soll,
wenn ich als Siegerin von den Schanzen zurückkehre."

Sie schwang sich auf ihr Roß. Große Schaaren folgten
ihr voll Begeisterung. Ohne Widerstand setzten sie über die
Loire, Johanna immer voran. Da beleuchteten die ersten Strah-
len der aufgehenden Sonne gar herrlich die üppige Flur.
Johanna, dies erschauend, sprang froh bewegt aus ihrem Kahn
und pries jenes freundliche Leuchten der Morgensonne als eine
günstige Vorbedeutung. Um 10 Uhr Morgens bliesen die
Trompeten zum Angriff. Die Schanzen waren gewaltig befestigt und mit den Kerntruppen der Engländer besetzt. Aber
das Anstürmen der französischen Schaaren war wie das Andringen eines tosenden Waldstroms. Der Donner der Geschütze rollte von beiden Seiten mit furchtbarem Krachen. Besonders muthig kämpfte der tapfere Graf Dunois. Schon
war es 2 Uhr Mittags und der Muth der Franzosen fast ge-
wichen. Vor Erschöpfung wollten sie bereits abziehen, aber
Johanna blieb unermüdlich. Stets unerschrocken, Alle an-

*) d. h. Engländer, von Goddam!

feuernd und begeisternd, mahnte sie fortwährend zum Vertrauen auf Gott, der zuletzt sicher den Sieg verleihen werde. Dennoch wichen endlich ihre ganz erschöpften Schaaren.*)

Da sprang sie, das Aeußerste wagend, in den Graben. Mit kräftiger Hand ergriff sie die Sturmleiter und kehrte sie gegen die Schanze. In demselben Augenblick traf sie ein Pfeil zwischen Hals und Schulter. Ohnmächtig stürzte sie nieder. Triumphirend streckten schon die Engländer ihre Hände aus, sie zu ergreifen. Da gab die Gefahr ihr neue Kraft. Mit gewaltiger Anstrengung raffte sie sich halb knieend wieder empor. Ihre gewandte Hand stieß mit dem Schwert die drohendsten Gegner zurück. Jetzt sprang Johann von Gamaches, früher ihr heftigster Widersacher, ihr helfend bei.

Obwohl sie den Graben nicht verlassen wollte, trug man die ohnmächtig Schwankende auf eine sichere Stelle der nahen Wiese, ihr die schwere Rüstung lösend. Der Pfeil hatte den schönen weißen Hals durchbohrt. Er ragte auf der andern Seite mehrere Zoll hervor. Anfangs preßte der Schmerz und Verdruß ihr Thränen aus, dann aber faßte sie sich wieder und riß mit eigner Hand den Pfeil aus der Wunde. Das Blut stürzte hervor und war anfangs gar nicht zu stillen, was viele Umstehende in große Angst versetzte; sie aber sagte ruhig:

„Aengstigt Euch nicht, es ist nicht Blut, sondern Ruhm, was aus dieser Wunde fließt."

Das von Einigen vorgeschlagene Besprechen des Bluts wies sie entschieden als sündlich zurück, — dagegen ließ sie gern

---

*) Vgl. Fouqué a. a O.

sich einen Verband anlegen, indem sie erklärte, daß sie glücklich sein werde, bald wieder genesen zu sein.

Ihre Verwundung, obwohl von ihr vorher verkündet, hatte die Schaaren doch bestürzt gemacht, und so sehr sie sich auch bemühte, deren Muth neu anzufachen, so beschlossen die Führer dennoch den Rückzug. Schon mahnten die Klänge der Trompeten zu diesem, da beschwor sie den Grafen Dunois, nur noch eine kurze Frist zu zögern. „Bei meinem Gott", sprach sie zu ihm und den andern Führern, „verzweifelt nicht. Sobald Ihr mein Banner flattern seht in der Richtung der Bastei, so folgt ihm kühn und sie ist Euer. Darum stärkt Euch jetzt ein wenig durch Speis' und Trank, dann aber vorwärts mit Gott!" Es geschah nach ihrem Wunsch. Darauf gab sie ihr Banner einem ihrer Kriegsleute und schwang sich neu belebt auf ihr treues Roß. Ihre Wunden und ihre Schmerzen schienen vergessen. Während sie in der Stille einer nahen Winzerei inbrünstig zu Gott flehte, ihr Kraft und Sieg zu verleihen, war ihr Kriegsmann mit dem Banner nach der feindlichen Schanze geeilt.

Da befahl sie einem Ritter, genau zu erspähen, ob die Spitze der Fahne sich nach dem Walle neige. Auf seine Bejahung rief sie, gleichsam als begeisterte Seherin: „Vorwärts! dringt muthig in die Schanze! Alles ist Euer! Vorwärts mit Gott!"

Und so die Schaaren anfeuernd zu neuem Sturm flog sie mit der Eile des Windes dahin auf ihrem schnaubenden Roß, als wäre sie nie verwundet gewesen. *)

---

*) Fouqué a. a. O.

Die plötzliche Rückkehr der schon todt Geglaubten wirkte ebenso belebend auf die Franzosen, wie entmuthigend auf die Engländer. Neue Hilfsschaaren, selbst bewaffnete Bürger, strömten nun begeistert aus der Stadt herbei. Nicolas von Giresne, Comthur des Ritter-Ordens vom heiligen Johannes zu Jerusalem, den glänzenden Helm auf dem Haupte, einen großen Schild mit dem weißen Ordenskreuz am linken Arm, das Schwert hoch in seiner Rechten, entzündete durch seinen Muth viele Hunderte. Die Engländer, obwohl überaus tapfer kämpfend, verloren jetzt alles Selbstvertrauen. Sie glaubten es mit Ueberirdischen zu thun zu haben, ja sie wähnten, in der Luft Jünglinge von göttlicher Schönheit in übermenschlicher Größe, die Schutzheiligen von Orleans, Anianus und Euertes, ja den Erzengel Michael selbst, zu sehen. Sogar der kecke Glacidas war von Schauer ergriffen. Auf der Südseite des erstiegenen Bollwerks, ihr Banner hoch in der Luft schwingend, rief Johanna voll Begeisterung ihm zu:

„Clasdas, Clasdas, ergieb Dich dem König der Himmel! Du hast mich ein leichtfertig Weib gescholten, aber doch jammert es mich, daß Deine Seele soll in den Tod gehen!"

Voll Wuth strebte Glacidas, mit den Seinen über die Brücke der Schanze nach dem Thürmchen zu gelangen, aber eine Bombe sprengte jene in die Luft und unter furchtbarem Angstgebrüll stürzte er mit seiner ganzen Schaar in die Fluthen. Der gräßliche Anblick rührte Johanna selbst bis zu Thränen. Großmüthig ließ sie den Leichnam des Glacidas besonders hervorsuchen und seinen Landsleuten zurückgeben. Auch die Bastei an den kleinen Wartthürmen mußte nun bald erliegen.

Fast die ganze Besatzung fand ihren Tod, theils durch das Schwert, theils in den Fluthen. Man will behaupten, daß gegen 7000 Engländer an jenem Tage gefallen seien. Weder Suffolk, noch Talbot hatten gewagt, ihren schwer bedrängten Landsleuten zu Hilfe zu kommen. Zwischen den Wartthürmen und der Bastei ward nun schnell zur besseren Verbindung eine Art von Brücke aus Brettern und Balken errichtet. Ueber diese zog Johanna — ihre Weissagung erfüllend — Abends zur Stadt zurück, Dunois ehrerbietig an ihrer Seite reitend. Namenloser Jubel empfing sie; aber sie lehnte allen Dank ab und gebot, durch das Läuten aller Glocken die Einwohner in die Kirchen zu rufen, um dem Herrn der Heerschaaren das Opfer des Dankes zu weihen. Erst nach der Messe eilte sie in ihre Wohnung zu neuem Verband, und erst nach diesem genoß sie ein wenig weißes Brot, das sie in Wein tauchte, welcher stark durch Wasser verdünnt war. Sie konnte und wollte vor der Entscheidung Nichts genießen.

Erst der glücklich errungene Sieg brachte sie dahin, wieder für ihren Leib zu sorgen. (de Haldat S. 172. Aussage des Grafen Dunois.) Als dabei der sonst sehr wackre Ritter Aulon sie scherzend bat, sie solle ihn doch auch einst den Rath ihrer himmlischen Heiligen hören und diese schauen lassen, erwiederte sie ernst: er sei dessen noch nicht würdig genug.

Bei dem Angriff auf die Bollwerke von Orleans wurde sie ohne Zweifel von den Feldherren des königl. Heeres unter- stützt, aber es ist außer Zweifel, daß ihre von allen Kampf- genossen bewunderte Tapferkeit den glücklichsten Einfluß übte auf die Soldaten und ihre Führer.

Das Banner, welches sie auch hier trug, war, nach ihrer Versicherung, ihr wohl vierzig Mal lieber als das Schwert, und sie bediente sich dessen beim Angriff, um zu vermeiden, Jemanden zu tödten. Sie betheuerte auch, daß sie nie einen Menschen getödtet.

Als später ihre Richter ihr zum Theil vorwarfen, sie habe die englischen Soldaten durch die Gewalt der Zauberei bekämpft, antwortete sie einfach: „Ich sagte den Schaaren des Königs nur, sie sollten muthig in die Engländer eindringen, und ich drang zuerst ein an ihrer Spitze."

Gerade durch ihren unerschütterlichen Muth, durch ihr Beispiel so unerschrockener Begeisterung, übte sie allerdings einen wahren Zauber auf die über sie in Wahrheit entzückten Krieger. Aber ihre Wirkung auf die Engländer war ganz anderer Art. Man möchte sagen, daß sie auf diese noch in höherem Maße eine Art von Verblendung, ja von Zauberei und übernatürlicher Gewalt übte. Die gerichtlichen Zeugnisse des Herzogs von Alençon des Grafen Dunois und Andrer bestätigen diese. Dieselben versichern übereinstimmend, daß bald bei dem bloßen Anblick des flatternden Banners der begeisterten Heldin, welche ihnen wie eine schöne Fee erschien, jene kurz zuvor so übermüthigen Soldaten, die bis dahin die Franzosen stets gehöhnt, ihr Heil in der Flucht suchten. Die gewöhnlichen Krieger im englischen Heere hielten sie für eine Zauberin und es bedurfte der strengsten Befehle, um sie zum Kampf zu treiben. Schon am 3. Mai 1429 erging von England aus eine scharfe Bedrohung mit harter Strafe, gegen die, welche sich aus Furcht vor den vermeintlichen Zaubereien der Jungfrau einer Ein-

schiffung nach Frankreich entziehen würden. Der Ruf ihrer
gewaltigen Erscheinung mußte also schon früh in das englische
Lager und selbst bis nach England gedrungen sein. Sehr begreiflich; denn die Franzosen thaten gewiß alles Mögliche,
um den Ruhm der erwarteten Retterin zu preisen und weithin zu rühmen, was sie von ihr hofften.

Im englischen Lager war nach Einnahme der festesten
Schanzen große Bestürzung.

Unverzüglich ward beschlossen, die Belagerung aufzuheben.
Als sich die Trümmer der zahlreichen Schaaren zum Abzug
aufstellten, glaubte man in der Stadt, es gelte einen Sturm.
Deshalb ließ Johanna eiligst rüsten; da es aber Sonntag war,
verbot sie jeden Angriff, ließ vielmehr unter freiem Himmel
einen Tisch mit den heiligen Geräthschaften schmücken und dort
unter feierlicher Stille zwei Messen singen. Die Engländer
sahen staunend und unbeweglich zu. Dann schwenkten sie
zum Rückzug. Die Feldherrn wollten sie verfolgen, aber
Johanna sagte:

„Bei meinem Gott (en mon Dieu) versichere ich Euch,
sie ziehen ab! laßt sie in Ruhe ziehen, da heute Sonntag
ist, und uns hingehen, Gott unsern Dank zu weihen!"

So war denn ihr Versprechen erfüllt, daß nach 5 Tagen
kein Engländer mehr vor Orleans und dieses befreit sein sollte.
Deshalb wird noch alljährlich daselbst der 8. Mai als Tag
der Rettung und zu Johanna's Ehre mit großer Festlich-
keit gefeiert.

VI.

Johanna's Bestrebungen, die errungenen Vortheile zu benutzen, und zu dem Zuge nach Rheims zu bewegen.

Gleich am nächsten Morgen eilte sie zum König, in deſſen Lager bei Loches unweit Blois, um ihn zur Verfolgung der errungenen Vortheile anzuſpornen. Voll Dankes ſchied ſie von ihren gaſtlichen Wirthen. Zum Andenken ließ ſie denſelben ihr blaues, goldumſäumtes Barett, das ſie trug, wenn ſie ohne Rüſtung in Mannskleidern ausging. Der ſchwere Helm hing auch bei Kriegszügen meiſtens am Sattel oder Arm des Knappen, bis ernſtere Gefahr ſie mahnte, das Haupt damit zu ſchützen und das Barett gegen den Helm zu vertauſchen. Jubel und Dankesthränen gaben beim Abzug von Orleans der Retterin das Geleite.

Zu Blois empfing ſie der König mit hoher Freude. Er war hingeriſſen von Bewunderung, da Alles, was ſie verkündet, ſo herrlich erfüllt war. Hierauf geſtützt, drang ſie nun lebhaft in ihn, die Krönungsfahrt nach Rheims unverzüglich anzutreten, aber ihre Gegner mahnten davon ab. Sie vermehrten ſeine Unſchlüſſigkeit durch die Schilderung der Gefahren und Schwierigkeiten, welche ſeiner harrten. Selbſt Dunois wollte erſt die andern Städte an der Loire erobern. Einzelne Neider bemühten ſich ſogar, Johanna jetzt noch als Hexe und als mit böſen Dämonen im Bunde zu verdächtigen. Da ſchrieb der berühmte Theologe Dr. Gerſon eine beſondere Schutzſchrift, worin er bewies, daß ſie eine von Gott begeiſterte edle Jungfrau sei und der König mit gutem Gewissen ihre Hilfe annehmen dürfe.

Karl VIII., schwankend wie stets, konnte sein neues Glück kaum fassen und hielt Berathungen über Berathungen, statt zu handeln. Einst berieth er auch wieder mit zwei Geistlichen bei verschlossenen Thüren. Da klopfte Johanna mit Dunois. Beide erhielten Einlaß. Sofort fiel sie dem König in Gegenwart seines Beichtvaters, des Herrn de Treves, und des Bischofs von Chartres zu Füßen und sprach, sein Knie umfassend:

„Edler Dauphin, endet Eure langen Berathungen und kommt mit mir nach Rheims, die Krone zu empfangen, welche Euch gebührt."

Auf Befragen des Bischofs von Chartres versicherte sie erröthend, daß ihre Stimmen ihr diese Worte eingegeben. Auf sein Andringen setzte sie erläuternd hinzu:

„So oft man zweifle an dem, was sie im Namen Gottes wünsche, bete sie einsam zu dem Allmächtigen und da vernehme sie denn oft eine Stimme, welche ihr sage: Tochter Gottes, geh! geh! geh! Ich werde dir zur Seite stehen. Dann durchglühe es sie mit großer Freude, und sie wünsche, daß es ihr stets so sei."

Bei diesen Worten war sie, wie Dunois später vor Gericht versicherte: (de Haldat a. a. O. S. 175.) gleichsam in einem Zustande seliger Verzückung. Sie zitterte heftig und erhob ihr Auge so voll rührender Begeisterung zum Himmel, daß Alle davon sich tief ergriffen fühlten.

Der Herzog von Alençon sprach indessen mit mehren andern Fürsten zunächst für die Eroberung der Normandie, weil er dort bedeutende Besitzungen hatte. Johanna aber beharrte standhaft bei dem Zuge nach Rheims. „Sobald mein König gekrönt sein wird," rief sie lebhaft, „muß die Macht seiner Gegner in sich zerfallen." Sie hob begeistert hervor, daß bisher pünctlich eingetroffen, was sie verheißen, namentlich der Entsatz von Orleans, und stützte hierauf die Behauptung, daß auch der Zug nach Rheims unter Gottes Beistand' gelingen werde. Endlich siegte die Macht ihrer Begeisterung und der Zug nach Rheims ward beschlossen. Nur die Städte an der Loire sollten erst befreit werden. Daher erging ein Aufgebot an alle Edle des Landes. Diese strömten herbei in Schaaren, da das begeisterte Vertrauen zu Johanna immer weiter Wurzel faßte. Man überhäufte sie mit Ehrfurcht, man küßte ihre Hände, ihr Gewand. Ehrwürdige Frauen knieten vor ihr. Sie wehrte und war betrübt darüber, wie über eine Art von Götzendienst, aber der Enthusiasmus ließ sich nicht zügeln. Zu jener Zeit kam mit andern Landsleuten auch noch einer ihrer Brüder, wahrscheinlich Johann, zu ihr, sie zu begleiten.

VII.
Die Erstürmung von Jargeau.

Unter den vielen herrlichen Thaten der Heldin, sei hier nur noch ihr muthvoller Sturm bei Jargeau erwähnt.

Der Herzog von Alençon, mit der Erstürmung von Jargeau beauftragt, hat selbst bei seinem Zeugniß vor Gericht die

Thatsache so erzählt. Als er den Sturm, auf welchen sie
drang, nicht wagen wollte, sagte sie:

„Edler Herzog, hast Du Furcht? Weißt Du nicht, daß
ich Deiner Gemahlin versprochen, Dich wohlbehalten zurückzuführen? Laß uns nicht zögern. Unsere Stunde schlägt, wenn
es Gott gefällt." Der Herzog erinnerte sich, daß Johanna
wirklich seiner Gemahlin, der Prinzessin Marie von Armagnac,
dieses Versprechen gegeben; er schöpfte neuen Muth und der
sofortige Sturm wurde beschlossen. Der Kampf entbrannte
heftig, die Erbitterung war groß auf beiden Seiten. Die
Jungfrau selbst ordnete die Richtung der Geschütze mit hoher
Umsicht und vielem Erfolg. Ueberall war sie zugegen. Wo
die Franzosen wichen, sprengte sie hin, die Fahne ihrem Banner-
träger entreißend und feuerte die Zagenden an. Plötzlich gebot
sie dem Herzog von Alençon, seinen Platz zu verlassen, weil
sonst das Geschütz vom Walle, auf das sie zeigte, ihn tödten
würde. Kaum hatte derselbe ihrem Willen genügt, als eine
Kugel auf der Stelle, die er eben verlassen, einen Edelmann
todt niederstreckte. Der Herzog war vor Schreck und Verwun-
derung fast erstarrt, obwohl die Warnung und das Ereigniß
selbst nicht für wunderbar gelten konnte. Denn die aufmerk-
same Beobachterin sah die Richtung des Geschützes und mußte
bei der hervorragenden Erscheinung des Herzogs fürchten, daß
man zunächst auf ihn zielen werde. Der Kampf ward nun
immer mörderischer. Aber unerschrocken erklimmte Johanna
D'arc selbst eine Leiter und drang über einen Graben voll
Leichen, die Fahne in der Hand, mit dem Ruf, ihr zu folgen.
Da sandten die Engländer entsetzt einen ganzen Hagel von

Pfeilen, ja einen gewaltigen Stein auf sie. Dieser traf sie und obwohl der Wurf durch ihren Helm an Kraft verloren, stürzte sie dennoch nieder, aber sie ermannte sich bald, sprang empor und rief den durch ihren Fall erschreckten Kriegern zu: „Freunde, Freunde, hinauf! Unser Herrgott hat die Engländer verdammt, im Augenblick werden sie unser sein. Laßt uns guten Muth haben.*)" Und neue Begeisterung erfüllte die Krieger. Nach wenigen Stunden war die Stadt in ihrer Gewalt. Der Herzog von Suffolk selbst ergab sich dem tapfern Edelknaben Wilhelm Regnault aus der Auvergne, den er zuvor zum Ritter schlug.

Dieser neue glückliche Erfolg trug den Ruhm Johanna's weithin durch Frankreichs Gauen. Selbst viele zuvor so kleinmüthige Widersacher priesen sie nun gleichfalls als die von Gott geweihte und gesegnete Heldin, als die mit überirdischer Macht begabte Prophetin.

VIII.

Weitere Erfolge. Steigende Begeisterung für die Jungfrau.

Ein großer Theil der Krieger und Ritter legten die Waffen und Wappenschilder ab, um sich ähnliche Fahnen machen zu lassen, wie die der gefeierten Jungfrau. Das Volk stellte ihr

---

*) Quicherat Pièces originales tom. III. pag. 97. (déposition du Conte d'Alençon.)

Bildniß in den Kirchen auf und viele trugen am Halse als Amulette Medaillen mit ihrem Bilde.*)

Guy von Laval, ein edler Ritter, schrieb um jene Zeit (6. Jan. 1429. Fouqué S. 376.) seiner Mutter: „es scheine ihm etwas Göttliches in dieser edlen Jungfrau zu liegen. Er habe sie zu Roß steigen sehen, ganz in glänzender Rüstung, jedoch ohne Helm, eine kleine Streitaxt in der Hand. Ein hoher schwarzer Renner sei ihr vorgeführt worden, sehr muthig und wild, der sie nicht habe aufsitzen lassen wollen. Da habe sie gesagt: „„Führt ihn zum Kreuz bei der Kirche““ und sofort habe er ganz still gestanden und sie mit großer Gewandtheit sich hinaufgeschwungen.“

Nicht wenig trug zu ihrem Ruhme und der hohen Ehrfurcht für sie wiederholt bei, daß wunderbarer Weise mehrfach Vieles, was sie vorhergesagt, durch glücklichen Zufall in Erfüllung ging. So hatte sich schon bei dem Entsatz von Orleans ihr Rath, auf dem linken Ufer der Stadt sich zu nähern, dadurch bewährt, daß plötzlich der widrige Wind sich unvorhergesehen wandte. Nicht minder hatte es großen Eindruck gemacht, als ihre Vorhersagung des Todes an den Gott verläug-

---

*) Eine solche Medaille von Blei hat ein Mitglied der Akademie zu Nancy entdeckt. Sie hat eine Oeffnung, um sie mittelst eines Fadens anzuhängen. Auf der Rückseite ist der gekrönte Degen, seitwärts sind die 2 Lilien, das Wappen der Dulys, welches die Familie später erhielt. Die Vorderseite soll nach der Beschreibung jenes Entdeckers, Namens Rotin, in der Revue numismatique tom. I. pag. 413. einen Frauenkopf dargestellt haben, dessen in der Mitte gescheiteltes Haar an den Schläfen lang herabgehangen habe. (Quich. I. S. 291.) Leider soll das verwischte Bild die Züge der gefeierten Heldin nicht aufbewahrt haben. (Henri Martin hist. de France tom. VII. pag. 114.)

nenden Ritter so schnell in Erfüllung gegangen war. Jemehr solche Vorhersagungen zufällig eintrafen, desto höher stieg ihr Ansehen und es wurde noch Manches, was vorher weniger aufgefallen war, in eigenthümliche Verbindung gebracht. So gingen namentlich die von ihr so oft bestätigten Worte der alten Sage:

„Frankreich, durch eine Frau zu Grunde gerichtet, müsse durch eine Jungfrau gerettet werden,"

von Mund zu Munde.

Daß sie diese Worte schon früh zu Dom-Remy geäußert, hat selbst die Frau des Henri Rostary, Katarine Rostary, im Rechtfertigungs-Prozeß eidlich bekundet.

Die Gewalt, welche sie übte, erklärt sich zum Theil schon daraus, daß Frankreich sich damals in der trostlosesten Lage befand, und selbst die mächtigsten Männer den Muth verloren hatten. Kein Wunder daher, daß eine tapfere und kühne Jung-frau, deren ganze Persönlichkeit etwas Begeisterndes hatte, durch ihr Beispiel furchtlosester Unerschrockenheit einen gewaltigen Eindruck machen mußte. Es bedarf daher keiner Hinweisung auf übernatürliche Kräfte, auf Hellsehen und Somnambulis-mus, um die Wunder jener in der That wundervollen hochbe-gabten Jungfrau zu erklären, welche gewiß eine hohe Macht üben mußte, allein schon durch ihre stattliche Erscheinung in der vollen Glorie der Begeisterung in dem edlen schönen An-gesicht, wenn sie hoch zu Roß kühn das Banner Frankreichs schwang. Als Jargeau erobert war, vereinten sich die englischen Besatzungen verschiedener Plätze, um sich auf der Linie aufzu-stellen, welche das französische Heer verfolgte. Eine Schlacht schien unvermeidlich, den Führern des letzteren aber bei der Stärke des Feindes der Ausgang sehr bedenklich. Johanna dagegen versicherte, daß es nur zum Vortheil und zur Ehre Frankreichs ausfallen könne. Sie kannte die herrschende Stimmung und glaubte den neu erwachten Muth, die mächtig das Heer durchglühende Begeisterung schnell benutzen zu müssen, ehe sie sich abkühle und der Feind von seiner Bestürzung sich erhole. Mit etwas dunklem Sinn fügte sie hinzu: man möge nur für recht viele und gute Rosse sorgen.

Auf die Frage, ob diese nöthig sein würden, um die Rettung der französischen Truppen zu befördern, versetzte sie: „Keineswegs, sondern um die Feinde besser zu verfolgen!" Und in der That, diese hielten nicht Stand, sondern wurden bis nach Patay gedrängt, wo die Franzosen die Nacht rasteten, nachdem sie eine Menge von Gefangenen gemacht, darunter Talbot, den berüchtigten Führer des englischen Heeres. Der Herzog von Bedford, welcher noch kurz zuvor verlangt hatte, daß der junge König von England nach Paris komme, um sich dort krönen zu lassen, bat zuletzt wiederholt dringend um Hilfe. In einem Briefe desselben, der noch im Archiv des Towers bewahrt wird, heißt es: „Nach Aufhebung der Belagerung von Orleans ist ein großer Schrecken auf alle dortigen Truppen gefallen. Der Grund ist lediglich in der Furcht zu suchen, die sie vor einer Schülerin des Satans haben, die Jungfrau geheißen, welche durch ihre Hexenkünste sich den Sieg verschafft."

Inzwischen erfochten die Franzosen, begeistert durch ihre hochherzige Führerin, Vortheil über Vortheil. In Paris gerieth Alles in die größte Bestürzung. Der Herzog von Bedford erließ Proclamation über Proclamation und bot Alles auf, die Gemüther gegen Karl aufzuregen.

IX.

Der Zug nach Rheims. Die Einnahme von Auxerre, Troyes und Chartres.

Den Marsch gegen Rheims fortsetzend, nahmen die französischen Truppen zunächst Auxerre ein, dem aus Schonung für den Herzog von Burgund unter glimpflichen Bedingungen die Uebergabe bewilligt ward. Nach diesem leichten Erfolge ließ der Mangel an Lebensmitteln und die geringe Zahl der Truppen denjenigen Anführern, welche den Zug nach Rheims gemißbilligt hatten, neue Gründe, um Halt zu machen, ja, bis nach Gien zurückzugehen. Der versammelte Kriegsrath neigte sich schon dieser Ansicht zu. Da klopfte die Heldin an die Thür des Sitzungszimmers und rasch eintretend, sagte sie zum König.

„Edler Dauphin, befiehl Deinen Leuten, zu kommen und die Stadt Troyes zu belagern, nicht aber länger Rath zu pflegen, denn im Namen Gottes (en mon Dieu), binnen drei Tagen werde ich Dich in die Stadt einführen, entweder durch Güte oder durch Gewalt, und das treulose Burgund soll nicht wenig staunen."

5

In der That, kaum waren die Vorbereitungen zum Sturm getroffen, so unterwarfen sich die Einwohner dem König. Johanna hatte dort noch die besondere Freude, daß vier alte Bekannte aus Dom Remy sie daselbst begrüßten, unter denselben Conradin von Spinal und Johannes Morel. Diesem schenkte sie zum Andenken das rothe Kleid, das sie bei ihrem letzten Gespräch getragen.

Aber auch diese schnelle Unterwerfung war lediglich ein Werk der Klugheit und Energie Johanna's. Sobald der König eingewilligt, war sie zu Roß gestiegen, hatte die Schaaren vor die Stadt geführt und am Wallgraben einen Wald von Zelten aufrichten lassen. Zugleich hatte sie angeordnet, daß man viele Maschinen, Tische, Fenster und Thüren herbeigeschafft, lauter Anstalten zum Angriff und zur Deckung, auch hatte sie eine Menge schwerer Geschütze aufstellen lassen, und wie Dunois später aussagte, Alles zum Sturm so trefflich angeordnet, wie der erfahrenste Feldherr. Ihr keckes Vorgehen erfüllte zu Troyes Alles mit der größten Bestürzung. Die erschrockenen Einwohner lagerten sich, zum Himmel flehend, vor den Altären.

Als am andern Morgen, den 9. Julius 1429, beim Dämmern Johanna, welche die ganze Nacht vor Unruhe nicht geschlafen, hoch ihr Banner schwingend, unter Schmettern der Trompeten zum Sturm rief und die Gräben mit Reisigbündeln zu füllen befahl, da erschien sie den erstaunten Bürgern als ein höheres Wesen. Nach einer alten Chronik war es Vielen sogar, „als würde sie von vielen weißen Schmetterlingen umflattert". Die sonst so fanatisch der burgundischen Partei ergebenen Bürger zwangen nun stürmisch die Behörden zur

Unterwerfung. Gegen die von Gott gesandte Jungfrau — meinten sie — helfe doch kein Widerstand.*)

Am 10. Juli 1429 hielt Johanna ihren Einzug an der Seite des Königs. Der berühmte Mönch Richard, der gewaltige Bußprediger von Paris, welcher jetzt dort weilte, kam ihr entgegen, von der Stadt gesendet, zur Prüfung ihrer Göttlichkeit. Als er zögernd sich ihr nahte, Weihwasser vor sich hersprengend, unter wiederholten Zeichen des Kreuzes, rief sie ihm heiter zu: „Naht mir nur dreist, ich werde Euch nicht davonfliegen."

Seit jenem Tage blieb er ihr und des Königs eifriger Anhänger, stets in ihrem Gefolge.

Noch vor der Ankunft zu Chalons kamen die Einwohner, der Bischof an der Spitze, und bezeigten dem König ihre Unterwürfigkeit. Inzwischen war der Herzog vor Alençon zum Heerführer ernannt, jedoch mit der ausdrücklichen Anweisung, ohne Johannas Rath und Willen nichts zu unternehmen. Der Zug ging nun allerdings vorwärts, aber ungeachtet der glänzenden und fortgesetzten Erfolge konnte der König sich nicht frei machen von seinen stets erneuten Besorgnissen, welche sich noch vermehrten bei seiner Annäherung an Rheims. Auch gegen die Heldin konnte er seine Verzagtheit nicht unterdrücken. Er sprach auf Eingebung der Gegner von dem Mangel an Geschütz, von der Ungleichheit der Streitkräfte, aber Johanna sagte ihm:

„Habt keine Sorge, denn die Einwohner von Rheims

---

*) Fouqué a. a. O. S. 437.

werden zu Euch kommen, ehe Ihr der Stadt Euch nähert. Seid ganz ohne Unruhe. Wenn Ihr als Mann handelt und muthig seid, werdet Ihr Euer ganzes Königreich wieder erlangen.*)

Solchergestalt ermuthigt, rückte der König bis nach dem Schlosse Sept-Saulx, eine Stunde von Rheims und schlug dort sein Hauptlager auf.

Es war jetzt nur noch ein Schritt übrig, um den soviel besprochenen und bekämpften Zug zu vollenden und endlich das Unternehmen zu krönen. Dasselbe gelang jetzt ohne Schwierig-keiten. Die Engländer und Burgunder zu Rheims waren, wie die Bewohner zu Paris, wo jetzt der Herzog von Bedford nur durch Proclamationen und Versammlungen zu herrschen suchte, in großer Bestürzung. Sie verlangten von den Bür-gern, daß diese sich einige Zeit halten sollten, bis Hilfe komme. Aber die Bürger lehnten dies ab. Da zog die entmuthigte Besatzung ohne Schwertstreich aus der Stadt. Nun eilten Abgeordnete von Rheims herbei, um dem Könige dessen Unter-werfung anzubieten, und überreichten ihm die Schlüssel der Thore.

---

*) Histoire de Jeanne Darc par Lébrun des Charmettes, Tom. II. S. 301.

X.

Einzug und Krönung zu Rheims.

Noch denſelben Morgen des Tages, an welchem die Stadt ihre Unterwerfung angeboten hatte, zog nun der Erzbiſchof von Rheims, Rainald von Chartres, welcher der Jungfrau ſtets ſo viel Mißtrauen und Widerwillen bewieſen, in ſeinen bis dahin noch niemals betretenen Biſchofsſitz. Er, der ſtolze Kanzler von Frankreich, der gewaltige Kirchenfürſt, verdankte der ein- fachen frommen Jungfrau dieſen Erfolg.

Abends hielt auch der König ſeinen feierlichen Einzug und wurde mit lebhaftem Jubel empfangen. An ſeiner Seite ritt in demüthiger, aber edler Haltung Johanna auf ihrem weißen Roß und es war ſchwer zu ſagen, ob der begeiſterte Zuruf mehr ihr oder dem Könige galt.

Ein geſchicker Maler eilte, ein treues Bild des denkwür- digen Einzuges zu geſtalten, und bis zur Revolution ſchmückte eine Nachbildung deſſelben auf einer großen Tapete die Wände der gewaltigen Kathedrale der alten Krönungsſtadt.

Die Krönung ward, als ob man eine Vereitelung ge- fürchtet, in höchſter Eile ſchon für den nächſten Tag beſtimmt. Die ganze Nacht wurden Vorbereitungen getroffen. Unermüd- lich arbeitete man an der Ausſchmückung des Domes und der Stadt. Eine beſondere Zierde der Feſtlichkeit waren aber die vielen Großen, welche ſchon am Morgen des Krönungstages herbeieilten, ſich dem ſiegreichen König zu unterwerfen.

Unter ihnen war auch besonders der Herzog von Bar und Lothringen.

Bereits am frühen Morgen erfolgte nun die heilige Oelung nach dem uralten Gebrauche, und in derselben majestätischen Kathedrale, wo so viele Könige Frankreichs bereits gesalbt waren.

Eine kostbare Krone, welche der König schon immer zum Zweck der Krönung mit sich geführt, war noch unter dem Gepäck zurückgeblieben, er mußte sich daher mit einer einfachen aus dem Schatz der Kathedrale begnügen.

Dagegen ward die heilige Oelflasche in aller Form herbeigeschafft. Die Marschälle von Rayz, von St. Sevère, von Gravelle und der Admiral Culan holten sie in feierlicher Prozession aus der Abtei von St. Remy zu Rheims, wo sie seit undenklicher Zeit aufbewahrt wurde. Der Abt selbst, in ihrer Mitte einherschreitend, hielt das Kleinod in seinen Händen. Wiederholt zeigte er es der gläubigen Menge.

Dann ging der Erzbischof im vollen Ornat ihm entgegen, empfing es aus seinen Händen und setzte es nieder auf den Altar der Kathedrale unserer lieben Frauen. Dort waren schon die königlichen Prinzen und Ritter versammelt. Zunächst aber dem Altare stand Johanna, ihr Banner in der Rechten, nicht fern von ihr der Mönch Richard und ihr treuer Beichtvater. Vor dem Haupt-Altar rief der Herold die alten Pairs von Frankreich namentlich auf, die Herzöge von Burgund, von Aquitanien und von der Normandie, sowie die Grafen von Flandern, von Toulouse und Champagne. Diese waren abwesend im feindlichen Lager. Da sie deshalb natürlich nicht erschienen, so wurden ihre Stellvertreter aufgerufen.

Sodann schritt der König in feierlichem Zuge unter Vortritt seiner Hof- und Staatsbeamten in die Kathedrale und kniete nieder vor dem Altar. Dort verlas der Erzbischof nach alter Sitte das Formular, welches den König auffordert, die kanonischen Privilegien und alle Prälaten sammt der Kirche bestens zu schützen, das ganze christliche Volk bei der Kirche zu erhalten, aus den Grenzen seines Reichs alle von der Kirche bezeichneten Ketzer zu verbannen und nach dem Rath der Geistlichen den Frieden zu bewahren.

Endlich empfing der Fürst die heilige Salbung von der Hand des Erzbischofs. Jeanne Darc wohnte dieser großen Feierlichkeit bei, in der Hand die Fahne, welche so oft die englischen Schaaren gelähmt und eben den Weg nach Rheims gebahnt hatte. Sich gegen den König wendend und seine Knie umfassend, sagte sie unter heißen Thränen:*)

„Edler König, wohlan, so ist vollbracht die Freude Gottes, welcher es wollte, daß ich Orleans befreite und Dich in diese ehrwürdige Stadt Rheims führte, um hier die heilige Oelung zu empfangen, zum Zeichen, daß Du der wahre König bist, Derjenige, welchem Frankreich gebührt. Meine Sendung ist daher vollbracht, und ich flehe zu Dir, mich in die Heimath zu entlassen."

Kein Auge blieb trocken bei ihren einfachen Worten. Aller Herzen waren tief bewegt. Die Thränen der Wehmuth und

---

*) Fouqué a. a. O. S. 458.

Freude glänzten selbst auf den Wangen der bärtigen Krieger. Der König antwortete ausweichend. Demnächst schlug er, nachdem er selbst vom Herzog von Alençon den Ritterschlag empfangen, mehre junge Edelleute, so namentlich den Junker von Commercy, zu Rittern.

Eine unendlich große Freude gewährte es dem hochherzigen Mädchen, daß ihr Vater Jacob Darc und ihr stets so freundlicher Oheim Durand Laxart sie zu Rheims überraschten, wo sie auf Kosten der Stadt bewirthet wurden. Alles drängte sich, der Jungfrau zu huldigen, aber sie blieb stets bescheiden und demüthig, immer ihren Worten getreu: „Mein Schaffen war nur ein Dieneramt!"*)

So waren in der That alle Verheißungen der begeisterten Heldin erfüllt, Verheißungen, deren Voraussagung und Erfüllung an das Wunderbare grenzt. Aber man braucht nicht mit Herrn de Haldat bei derselben mehr, als bei andern Dingen, die Waltung der Vorsehung und einen größeren göttlichen Einfluß auf die begeisterte Jungfrau zu finden. Bei dem ungewöhnlichen natürlichen Verstande, bei dem unerschütterlichen Muthe und Gottvertrauen, die sie besaß, war es leicht begreiflich, daß sie, von glücklichem Erfolge bei dem ersten Unternehmen begünstigt, nun mit um so größerer Zuversicht auf der begonnenen Bahn fortschritt und durch ihre eigene wahrhafte Begeisterung auch Andere mit sich fortriß und den entwichenen Muth in die sonst so tapferen Schaaren Frankreichs zurückführte. Der Enthusiasmus war es, der sie zu unsterblichen

---

*) Fouqué S. 463.

Thaten entflammte, der Enthusiasmus, der nichts Anderes ist als die Begeisterung für eine edle, große Sache, deren Idee den ganzen Geist erfüllt und ihm ein zur Leidenschaft gesteigertes Verlangen einflößt, sein Ziel zu erreichen.

Da sie allerdings nach Allem, was die unverfälschte Geschichte von ihr uns überliefert, als einer der edelsten Charactere erscheint und nur der reinste Patriotismus sie bis zur Schwärmerei begeisterte, so kann es gar nicht befremden, daß sie mit der Krönung zu Rheims ihre Sendung als vollendet ansah. Es entsprach daher vollkommen ihrem frommen Sinn und ihrer Sitteneinfalt, daß sie dem Erzbischof von Rheims auf die Frage, wohin sie sich nun zu wenden und wo sie ihre Lebensbahn zu schließen denke, entgegnete:

„Wo es Gott gefallen wird; denn ich bin weder der Zeit noch des Ortes gewiß, nicht mehr als Ihr selbst es seid, und wollte es meinem Herrn und Schöpfer gefallen, daß ich jetzt abziehen könnte, die Waffen verlassend, um meinem Vater und meiner Mutter zu dienen, ihre Lämmer (brebis) hütend mit meiner Schwester und meinen Brüdern, welche sich (moult — in altlotharingischer Sprache — wahrscheinlich von multum) sehr freuen würden, mich wieder zu sehen."

Aehnlich sagte sie zum Grafen Dunois, welcher sie gleichfalls fragte, ob sie wisse, wo sie sterben werde? „Ich weiß es nicht, vertraue aber auf Gott. Seinen Willen, Orleans zu befreien und den edlen König krönen zu lassen, habe ich vollführt, jetzt wünsche ich, daß Gott mich zu Vater und Mutter heimgeleite, ihre Lämmer zu weiden. Nur ein

Jahr darf ich ausharren, diese Zeit muß man gut nützen."
(Charmettes II. 145. Quich. aperçus S. 37.)

Während daher ihr Ruhm Europa durchflog, sah sie ihre
Sendung als vollendet an und sehnte sich wiederholt zurück in
das stille Thal ihrer Heimath, aber der König wollte sie nicht
von sich lassen. Johanna dagegen blieb dabei, ihre Sendung
als geschlossen zu betrachten und sprach niemals mehr in dem
Kriegsrath. Nach Anderen soll sie jedoch geglaubt haben, daß
ihre göttliche Mission noch weiter gehe, indem sie zum Ziel
gehabt, auch den Herzog von Orleans zu befreien, da sie am
2. Mai 1431 (28 Tage vor ihrem Tode), auf die Aufforderung Frauenkleider anzulegen, gesagt: „Wenn ich das gethan
haben werde, wozu ich von Gott gesandt bin, werde ich sie
anlegen."

Der Herzog von Alençon, den man als ihren genausten
Vertrauten erachtet, versichert auch, daß er mehrmals von ihr
gehört, sie sei mit vier Dingen beauftragt:

    1. Orleans zu befreien;

    2. den König zu Rheims krönen zu lassen;

    3. die Engländer zu vertreiben, und

    4. den Herzog von Orleans zu befreien. (Quich. Pro-
       cès III. p. 99. Art. X. du requis. Procès I.
       p. 216.) *)

---

*) Vergl. oben S. 37.

XI.

Der Zug gegen Paris. Johannas zweite Verwundung.

Viele andere Städte nach Rheims unterwarfen sich nun dem König und selbst Paris schien nicht mehr widerstehen zu können. Auch die Stadt Beauvais schlug sich jetzt auf die Seite des Königs und jagte den burgundisch gesinnten Bischof fort, woher seine Wuth gegen Johanna sich leicht erklärt, indem er gerade sie als das vornehmste Werkzeug zur Verschaffung des Sieges für die Partei des Königs Karl betrachtete. Mehrere widerstrebende Ortschaften wurden durch Sturm erobert, so Chateau Gaillard durch den tapfern Lahire, welcher dort den wackern Barbaze befreite, den Ritter ohne Furcht und Tadel, der vor neun Jahren zu Melun gefangen und gegen alles Völkerrecht in Ketten gelegt war.

Endlich ließ sich Karl bewegen, gegen Paris zu ziehen. Johanna war auch bei den erneuten Kämpfen stets voran, aber es schien, als habe Schwermuth ihren Geist umflort. Sie wagte nicht mehr, die Krieger begeistert anzurufen, wie vor der Krönung zu Rheims. Es war, als fürchtete sie, zu freveln gegen die Bestimmung des Himmels, wenn sie mehr thue, als die aufgetragene Sendung verlange. Besonders wehmüthig schien es sie, wie viele Andere, zu berühren, als ihr altes, ihr so theures Schwert von Fierbois plötzlich zersprang, indem sie im Zorn damit auf einen frechen Kriegsknecht schlug, den sie auf arger Unthat traf. Auch betrübte es sie, daß ihr sonst so treuer Page Ludwig von Contes sie dort plötzlich und heimlich verließ, ohne daß sie die Ursache wußte. Man meinte, daß er in heftiger Liebe zu ihr entbrannt sei und kein anderes Mittel zu seiner Rettung gewußt.

In Paris rüstete man sich inzwischen zu tapferer Gegenwehr, da die Engländer das Gerücht verbreitet hatten, daß Karl, dieser sanfte König, die Stadt der Plünderung Preis geben wolle. Ueberdies hatte Karl durch unnützes Zögern und ewiges Berathen die beste Zeit verloren. Johanna fürchtete deshalb mit Recht einen ungünstigen Ausgang. Sie wünschte daher, im Vorgefühle dessen, zu St. Denys zurückzubleiben, aber man zwang sie fast zum Mitziehen, von ihrer Theilnahme gerade den Sieg erwartend. Der Angriff begann besonders bei dem weniger festen Thor St. Honoré. Johanna war auch jetzt Allen voran. Muthig entrang sie selbst einem Engländer sein Schwert. Da schöpfte sie neuen Muth und führte über Reisbündel die Schaaren durch den ersten Wallgraben. Der zweite war voll Wasser. Sie untersuchte vorsichtig mit der Lanze die Tiefe, während sie auch dort durch Reisigbündel die Ausfüllung bewirkte. Von da forderte sie persönlich die Gegner zur Uebergabe auf, aber statt der Antwort schmähte sie ein Bogenschütze als Landläuferin und durchbohrte ihr den Schenkel mittelst eines Pfeils. Fast gleichzeitig traf ein anderer Pfeil den Fuß ihres Bannerträgers, und als dieser seinen Helm öffnete, um zu sehen, wie er den Pfeil herauszöge, streckte ein anderer Pfeil ihn todt zu Boden. Johanna schwankte zurück nach dem ersten trockenen Graben und legte sich dort nieder.

Inzwischen verdoppelten die Pariser ihr Feuer und Karl, entmuthigt durch den Unfall Johanna's, befahl den Rückzug.

Richard von Milbronne sollte sie selbst zurückschaffen, aber sie weigerte sich, von ihrer Stätte zu weichen. Sie wollte lieber sterben, als die Niederlage ihres Volkes, die erste, welche sie sah, überleben. Endlich, Abends 10 Uhr, ließ der Herzog von Alençon sie gewaltsam forttragen. Bei größerer Beharrlichkeit und Thatkraft hätte Karl damals Paris gewiß erobert, so gingen seine Schaaren bis la Vilette zurück.

Tags darauf, den 9. September 1429, bat Johanna aufs neue flehentlich um ihre Entlassung, aber von allen Seiten beschwor man sie, zu bleiben.

Da erklärte sie, daß sie zwar dem Willen des Königs gehorchen müsse, aber ihre Waffen, ihren silbernen Harnisch und das erbeutete Schwert dem Schutzheiligen Frankreichs weihen wolle, was sie auch vor dem Hauptaltar zu St. Denys wirklich that.

Der muthlose Karl mit seinen feigen Räthen und Feldherrn beschloß den weiteren Rückzug bis zu den Ufern der Loire. Betrübt folgte Johanna.

Selbst die hundert Goldthaler, welche ihr der König zu einer neuen Rüstung schenkte, trösteten sie wenig. (Fouqué II. 51.)

Dieser Rückzug und der fehlgeschlagene Versuch, den Herzog Philipp von Burgund auf die Seite Karls zu ziehen, verursachten ihr tiefen Kummer.

XII.

Ermuthigung der Engländer. Johanna in den Adelstand erhoben. Ihre Schwermuth.

Die Thatenlosigkeit Karl's erfüllte die Engländer mit neuem Muth. Sie besetzten abermals St. Denys, wo sie sogar die goldenen und silbernen Geräthe aus der Königlichen Gruft raubten und die Weihgeschenke Johanna's. Nur das von ihr erbeutete Schwert sollen die Geistlichen gerettet haben. Wo es in der Revolution von 1789 geblieben ist, weiß man nicht. (Fouqué II. 55.)

Um jene Zeit waren schon vier Denkschriften zu Gunsten Johanna's erschienen, in welchen unter Anderem dargethan wurde, daß sie nicht mit dem Teufel im Bunde stehe.

Während alle Versuche, den Herzog von Burgund auf die Seite Karls zu ziehen, scheiterten, gelang es den eindringlichen Reden der Jungfrau, ihn mit seiner Gemahlin zu versöhnen.

In London wurde inzwischen, gleichsam um nicht hinter Karl VII. zurückzubleiben, Heinrich VI. zum König gekrönt.

Am 16. Januar 1430 ertheilte Karl der Jungfrau für sich und deren Nachkommen zu Melun fur Geore den Adel. Sie selbst hat nie ein Wappen geführt, dagegen verlieh der König ihren Brüdern ein aufrechtes Schwert in blauem Felde, rechts und links von zwei goldenen Lilien umgeben.

Danach ist später die Familie von Arc du Lys oder Dulys, ja sogar Dalis genannt. Auch wurde auf Befehl des Königs ihr zu Ehren eine Denkmünze geprägt. Zugleich schenkte er ihr einen prachtvollen Wappenrock von Goldstoff, um solchen über der Rüstung zu tragen.

Ihrem bescheidenen Sinn war jedoch das Liebste ein einfacher goldener Ring, mit dreien neben dem Namen Jesus eingegrabenen Kreuzen, welchen sie von den Eltern erhalten. Sie blieb trotz aller Ehren demüthig, sank häufig im Stillen auf ihre Knie und flehte Gott um das Heil des Königs und des Vaterlandes an. Oft war es wohl, als ob die Ahnung ihres frühen Todes ihre Seele umdüstre. Dann bat sie ihren Beichtvater, daß er den König ersuchen möge um Erbauung einer Capelle für die, welche im Kampfe für das Vaterland gefallen seien. (Fouqué II. S. 69.)

Ihre Ahnungen wurden bald immer trüber. Sie versicherte, ihre Heiligen seien um Pfingsten ihr auf den Wällen von Melun erschienen und hätten ihr verkündet, daß sie noch vor Johanni in die Hände ihrer Feinde fallen werde. Da flehte sie oft zu Gott, sie gleich nach ihrer Gefangennehmung sterben zu lassen, damit sie nicht lange im Kerker schmachte.

Inzwischen vollbrachte sie, so trübe sie auch gestimmt war, doch noch manche tapfere That. So besiegte sie den berüchtigten Franquet von Arras, welcher vielfach durch Räubereien die Gegend von Lagny beunruhigt hatte. Die dortige Behörde erzwang seine Auslieferung als die eines Verbrechers und der Amtshauptmann von Senlis ließ ihn hinrichten, was man später der Jungfrau als ein Verbrechen anrechnete, wiewohl ihr selbst die Auslieferung sehr unlieb war, da sie ihn zum Auswechseln gut benutzen konnte.

XIII.

Der Kampf und die Gefangennahme Johanna's bei Compiègne.

Der hart bedrängten Stadt Compiègne eilte sie wie ein wahrhafter Schutzgeist zu Hilfe. Sie begeisterte die Besatzung und Bürger zu einem Ausfall auf das Lager der Burgunder bei Margny. Flavy, der Commandant, hatte es übernommen, sie gegen die bei Venette gelagerten Engländer zu decken, damit diese ihr nicht den Rückzug abschneiden sollten.

Wider ihre sonstige einfache Art reich geschmückt, wahrscheinlich voll Schwermuth den Tod suchend, ritt sie — es war am 23. Mai 1430 — auf ihrem stattlichen Roß voran. Ein Waffenrock von purpurrother Seide, gestickt mit Gold und Silber, bedeckte ihren Harnisch. Ein Schwert, das sie bei Lagny einem Burgunder abgenommen, in der Rechten, stürmte sie begeistert in den Feind. Muthig folgten ihr die von ihr stets aufs neue angefeuerten Schaaren. Aber die Engländer, zweimal geworfen, sprengten zum dritten Mal an. Da begannen die Franzosen, in der unzeitigen Besorgniß, abgeschnitten zu werden, den Rückzug. Vergeblich war Johanna's Bemühen, die Weichenden zu halten. Die Engländer und Burgunder umgingen nun die Franzosen und diese wandten sich zur wil-

den Flucht. Alles strebte, die Brücke, Kähne und Schanzen
zu erreichen. Dadurch entstand an jener ein gewaltiges
Gedränge. In der Stadt von den Thürmen sah man mit
Schrecken die fliehenden Schaaren. Man läutete Sturm mit
allen Glocken, um zur Hilfe aufzurufen für Johanna. Aber
die Burgunder stürzten sich voll wilden Jubels und sieges-
trunken auf sie und die Nachhut. Bald war unter den Ge-
fallenen allein noch hoch zu Roß Johanna zu schauen, das
Banner in der Linken, mit dem Schwert in der Rechten die
Verfolger zurückschlagend. Sie kämpfte so tollkühn, als habe sie
das größte Heer zu ihrem Schutz und rief fortwährend: „Vorwärts! sie sind unser!" Aber ihre Leute führten selbst gewaltsam
ihr Roß am Zügel zurück. So gelangte sie, heftig kämpfend,
bis zur Brückenschanze, allein dort war durch zu frühes Herablassen
der Zugbrücke der Weg versperrt. Einige haben behauptet,
daß der Commandant, Wilhelm von Flavy, aus Neid gegen
Johanna, die plötzliche Niederlassung der Brücke angeordnet
habe, allein alle Zeugnisse stimmen dahin überein, daß Flavy
kein Verräther war. Das Wahrscheinlichste ist wol, daß die
Brücke herabgelassen ist in der Bestürzung und ohne böse Absicht, um die Feinde abzuhalten. Es wird sogar behauptet,
die Brücke habe zur Rettung der Stadt herabgelassen werden
müssen, bis das Bollwerk an der einen Schanze hergestellt
worden, und es habe gegen die Engländer nicht gefeuert werden können, aus Furcht, die eigenen Leute zu treffen. Aber
so groß die Besorgniß und Gefahr sie umdrohte, gab Johanna
sich doch noch nicht verloren. Sie kämpfte mit aller An-

strengung und bot, wiewohl vereinzelt, hochherzig der Uebermacht
Trotz. Da sie von dieser Seite jedoch nicht in die Stadt
zurückgelangen konnte, wandte sie entschlossen ihr Roß, um zu
einem anderen Thore in der Richtung der Picardie zu dringen.
Hier riß sie ein Picarder Bogenschütz, nach Andern ein Burgundischer Reiter*) von den Schaaren des Bastards von Vendôme, Lionel**), am Waffenrock vom Pferde (23. Mai 1430,
Abends 6 Uhr) und schleppte sie mit sich fort, zum großen
Jammer der Franzosen. Die Engländer und Burgunder jubelten dagegen, als hätten sie ein ganzes Heer gefangen. Daß
sie dem Bastard ihr Ehrenwort gegeben, sich als Kriegsgefangene
fügen und nicht entweichen zu wollen, erzählt nur ein Burgundischer Chronist. Wahrscheinlich dagegen ist es, daß derselbe sie gegen eine bedeutende Summe dem edlen Johann
von Luxembourg-Ligny überlassen hat, wenigstens blieb sie vorläufig in dessen Gewalt und Obhut. In Paris war der Jubel
über ihre Gefangennehmung ganz besonders groß. Schon
zwei Tage nach derselben, am 25. Mai 1430, zündete man
daselbst Freudenfeuer an, erleuchtete die Stadt und sang in
den Kirchen ein Tedeum.

---

*) Procès tom. IV. p. 34.
**) Quich. aperc. pag. 89 behauptet, er sei von der Schaar des
Bastards von Vandomme, nicht Vendôme gewesen, ein Schildknappe aus
der Provinz Artois bei einem Offizier Johanns von Luxembourg.
cfr. Procès I. p. 13. tom. IV. p. 401. Chronique de Monstrelet.
(Vergl. von Raumer S. 464.)

XIV.

Johanna's Auslieferung.

Schon am 26. Mai 1430 verlangte der Stellvertreter des Groß-Inquisitors von Frankreich, der Pater Martin, vom Herzog von Burgund die Auslieferung Johanna's in sehr kecker Weise durch den Greffier der Universität Paris. Er schrieb, daß es die Pflicht eines jeden guten Christen sei, alle Irrthümer und Zaubereien auszurotten, die Jungfrau deren aber viele verbreitet habe. Der Herzog jedoch, welchem sie bei kurzem Gespräch Achtung abgezwungen, schickte sie nach Beaulieu. Von dort suchte sie zu entkommen. Glücklich hatte sie sich mit ihrer schlanken Gestalt durch die Pallisaden gedrängt, aber der Burgwart hatte ihre Flucht bemerkt und führte sie gewaltsam zurück. Johann von Luxembourg schickte sie nun nach seinem Schlosse Beaurevoir in der Picardie, wo seine Frau und Schwester sie gastlich empfingen und wo sie oft inbrünstige Gebete für die hart bedrängte Stadt Compiègne zum Himmel sandte. Jene beiden Frauen beschworen sie häufig, weibliche Kleider anzulegen, weil man ihr das Tragen von Manns-kleidern so schwer zum Vorwurf mache, aber sie lehnte dies ab, weil sie dazu noch keine höhere Genehmigung habe.

Als die Herzogin von Bedford ihr sogar ihren Schneider sandte, um ihr Frauenkleider anzulegen, und dieser dabei fast Gewalt brauchen wollte, ward sie so entrüstet, daß sie ihm eine derbe Ohrfeige gab. (Quich. a. a. O. S. 138. 265.)

6 *

Johann von Luxembourg erkundigte sich oft durch Andere, oft aber auch persönlich nach ihrem Befinden und erlaubte sich dabei manchen Scherz; er selbst erzählte später, daß, wenn er zu weit gegangen sei, sie ihn stets mit Anstand zurückgewiesen habe. Immermehr ward er jetzt bestürmt, sie auszuliefern. Längere Zeit widerstand er auf Bitten seiner Gemahlin in einer Anwandlung von Großmuth. Man bot indessen ihm zuletzt gar das für jene Zeit überaus hohe Lösegeld von 12,000 Franken, sowie 300 Franken jährliche Rente. Seine wackere Frau beschwor ihn aber fußfällig, das arme Mädchen nicht ihren Todfeinden zu überliefern. Da verlangte der oben erwähnte vertriebene Bischof von Beauvais, in seinem wüthenden Hasse gegen den König Karl und dessen treue Landesgenossin Johanna, die Auslieferung der Zauberin an ein geistliches Tribunal. Zugleich machte der König von England seine Ansprüche aus einem Lehnsverhältniß geltend, denn die Feinde Johanna's wünschten nichts sehnlicher, als sich an ihr zu rächen und sie unschädlich zu machen. Wie sehr der Groll gegen sie entbrannt war, geht schon daraus hervor, daß eine unglückliche Bäuerin aus der Bretagne, lediglich deshalb, weil sie Johanna gelobt hatte, von den Engländern der Gotteslästerung angeklagt und den Flammen übergeben wurde*).

Als die Heldin hörte, daß man Compiègne mit Feuer und Schwert vernichten, sie selbst aber den Engländern ausliefern wollte, sprang sie in Verzweiflung von dem hohen Thurm ihres Gefängnisses, entschlossen, lieber zu sterben, als

---

*) Charm. III. 133. Barante VI. 23. Averdy 160.

den Engländern in die Hände zu fallen. Man versichert, sie sei vom Donjon des Schlosses, wol 60 Fuß hoch, herabgesprungen. Die Wache fand sie in tiefer Ohnmacht im Wallgraben. Sie schien bereits todt, aber sie hatte keine innere Verletzung erlitten und genas wieder, obwohl sie 3 Tage weder Speise noch Trank zu sich nahm, sei es aus Erschöpfung, sei es, daß sie ihrem Leben durch den Hungertod ein Ende machen wollte. Wahrscheinlich ist das Letztere, denn plötzlich nahm sie wieder Nahrung, weil es ihr gewesen, als wenn ihre Heiligen ihr wieder Trost und Hoffnung eingesprochen hätten. Vorher jedoch beichtete sie und flehte Gott um Erbarmen an.

Kaum war sie hergestellt, so brachte man sie nach Arras. Von dort sandte man sie bald darauf nach der Feste Crotoy in der Picardie, am Ausfluß der Somme.

Wenn sie dort aus dem Fenster ihres Thurmes auf das weite, unermeßliche Meer hinausblickte, durchzog eine gewaltige Sehnsucht nach Freiheit und Thaten ihre Brust, und sie bejammerte lebhaft ihr Mißgeschick, das sie in die Hände ihrer Feinde geliefert.

Zugleich mit ihr war dort der Geistliche Nicolas de Queville aus unbekannter Ursache eingekerkert. Dieser hielt häufig Gottesdienst für die Gefangenen, bei welchem Johanna niemals fehlte. Zugleich beichtete sie ihm oft, weshalb er später volle Berechtigung hatte, ihr gutes Christenthum zu bezeugen.

Um jene Zeit sahen sich die Engländer genöthigt, die Belagerung des tapfern Compiègne aufzuheben, weil zahlreiche Schaaren zum Entsatz heranzogen. Je größer zugleich auch anderweit damals die Erfolge der Franzosen waren, desto höher wuchs der Haß der englischen Partei gegen Johanna. Man glaubte, daß so lange sie lebe, der Sieg die französischen Waffen begünstige und den Engländern kein Glück lächle. Deshalb drangen die Engländer mehr als jemals auf ihre Auslieferung, um durch diese zugleich ihre Vernichtung zu bewirken. Selbst englische Krieger äußerten später, daß man die Jungfrau ärger als ein ganzes Heer gefürchtet.

Als Johann von Luxembourg und der Herzog von Burgund noch zögerten, Johanna den Engländern und dem Bischof von Beauvais, dem Werkzeug derselben, auszuliefern, drang die theologische Facultät der Universität zu Paris, wahrscheinlich von dem letztern angeregt, in sie, im Interesse des heiligen Glaubens und der christlichen Kirche die Auslieferung zu bewirken. In einem desfallsigen Schreiben ward gesagt, daß die Ehre und die Verherrlichung der katholischen Religion und des rechtmäßigen Glaubens dringend fordre, die Jungfrau zur strengen Verantwortung zu ziehen, ja daß es eine Schmach sein würde, sie entfliehen zu lassen. Endlich konnte Johann von Luxembourg dem Andringen der theologischen Fakultät der Universität zu Paris und des stellvertretenden Groß·Inquisitors, sie im Interesse des heiligen Glaubens und der christlichen Kirche auszuliefern, so wie dem hohen Lohn nicht länger widerstehen.

Er gab sich dazu her, die Unglückliche dem König von England und ihren Feinden wirklich auszuliefern und so wurde sie vom Schlosse Crotoy nach Rouen gebracht, welches damals in der Gewalt der Engländer war und wo diese zahlreiche

Anhänger hatten*). Man setzte die Gefangene in den sogenannten Burgthurm, wahrscheinlich in das Mittelgeschoß,
etwa 8 Stufen über den Schloßhof hinaus. Die Fenster
ihres Kerkers gingen nach dem Felde. Es war dort ihre
strengste Bewachung angeordnet, obgleich sie durch große eiserne
Ringe**) und eine dicke Kette, die ihren Leib umschloß, an
einen Balken gefesselt war. Sogar die Füße waren durch
zwei eiserne Ketten zusammengeschlossen und durch eine Quer-
kette an dem Bettpfosten befestigt. An der Kette, welche ihren
Leib umschloß, hing ein schwerer, hölzerner Klotz. Nachts
wurde sie noch besonders an ihr Bett gefesselt. Später wollte
man sie sogar in einen engen, eisernen Käfig stecken, ähnlich,
wie den unglücklichen Johannes Huß. Im Gemach selbst mußte
sie zu ihrer Bewachung drei rohe englische Soldaten und vor
der Thür noch zwei andere dulden. Diese gemeinen Söldner
mißhandelten und plagten sie auf alle Weise. Oft rüttelten
sie dieselbe Nachts aus dem Schlafe, vorgebend, ihre Todes-
stunde sei da, man wolle sie zur Hinrichtung holen.

Diese grausamen Vorsichtsmaßregeln rechtfertigten die
Engländer damit, daß sie bereits versucht habe von dem
Schlosse zu Beaurevoir, wo sie zuerst saß, zu entfliehen. Jedenfalls sieht man auch daraus, welchen hohen Werth die Engländer auf die Erhaltung einer so eifrig begehrten Beute legten.

*) Charm. III. 133. Barante VI. 23. Averdy p. 160.
**) So bekundet Mathieu S. 17. Q. II.

XV.

Plan zu Johanna's Untergang.

Da die Haft Johanna's noch nicht so schnell die durch
ihren Einfluß errungenen Vortheile der Franzosen hemmte,
weil sie noch aus ihrem Gefängnisse die englischen Soldaten
erzittern machte, beschloß die englische Regierung den Plan, der
sie zum Scheiterhaufen führen sollte.

Pierre Cauchon, Bischof von Beauvais, wie schon erwähnt
von seiner Stelle vertrieben als eifriger Anhänger der englischen
Herrschaft, wurde als das passendste Werkzeug durch die Räthe
Heinrichs VI. berufen, angeblich im Interesse des katholischen Glaubens gegen eine Frau einzuschreiten, welche beschuldigt sei, durch Gotteslästerung, Kirchenschändung und Zauberei ein öffentliches Aergerniß gegeben zu haben. Er war um
so tauglicher für das englische Interesse, da er, ein ränkevoller,
bestechlicher, leidenschaftlicher Mensch, vor Begierde brannte, sich
wegen der Vertreibung von seinem Bisthum an Frankreich zu
rächen und durch Gefälligkeit gegen England das Erzbisthum
Rouen zu erlangen. Die englische Regierung bediente sich
dieses Werkzeugs um so lieber, als sie solchergestalt ihren Zweck
erreichte, ohne auf sich selbst das Gehässige der Untersuchung
und Hinrichtung dieser Jungfrau von so hoher Ritterlichkeit
zu ziehen.

Auf den Wunsch der englischen Regierung wurde der
König von England von der theologischen Fakultät zu Paris

noch besonders angegangen, „gedachtes Weibsbild, gewöhnlich die Jungfrau genannt, der Kirche, namentlich aber dem Bischof von Beauvais und Inquisitor von Frankreich zu überliefern, damit dieser ihr den Prozeß machen könne, weil sie beschuldigt worden, verschiedene Verbrechen, namentlich gegen die Religion, begangen zu haben, auch eine Hexe und Götzendienerin sei."

Als Antwort auf diesen Act der Erniedrigung und der schamlosesten Heuchelei willfahrte der Herzog von Bedford nach dem Beschluß seines großen Rathes, gerührt von solchem Dienst-eifer „und aus Achtung für den Namen Gottes, zur Ver-theidigung und Reinhaltung des katholischen Glaubens, demüthig gehorchen zu wollen", dem Gesuch der gehorsamen Tochter (der katholischen Fakultät).

Der Beschluß seines großen Rathes hatte übrigens nicht auf sich warten lassen, denn das Gesuch, welches von Paris datirt ist, und die von Rouen erlassene Antwort sind von dem-selben Tage*).

Bei dem Beschluß hieß es, daß, obgleich sie nicht als Kriegsgefangene betrachtet werden dürfe, der König doch als Vergütung für die, welche sie in ihrer Gewalt hätten, 6000 Franken (nach Andern 12,000 Fr.) und für den Bastard von Vandomme, welcher sie gefangen, (pour le dit bastard, qui la prise, Quich. p. 13.), 200—300 Libres als jährliche Rente zu seinem Unterhalte anweisen wolle. Als der, welcher Johanna zunächst ergriffen, hatte er Anspruch auf einen Theil des Lösegeldes. Johann von Luxembourg machte ihn später

---

*) Charm. tom. I. pag. 5—18.

zum Hauptmann v. Nesle-Beaulieu in Vermandois (Monstrelet I. 11. Charmettes 86 und 252. Quich. procès I. S. 13.)

In dem Schreiben des Königs Heinrich wurde ausdrücklich gesagt, daß er als wahrer Sohn der Kirche zur Erhöhung des katholischen Glaubens dem Ersuchen um Auslieferung an den heiligen Vater, den Bischof von Beauvais, Statt gegeben wissen wolle, damit dieser die Untersuchung nach göttlichem und menschlichem Recht führe gegen dieses Weibsbild, welches alle Zucht verleugnet und viel Gefährliches gegen die katholische Religion unternommen habe.

Kurz darauf empfahl dieselbe Facultät dem Bischof von Beauvais, die Untersuchung zu beginnen und schickte ihm als Beisitzer (assesseur) Jean Midi, eins ihrer Mitglieder, welcher derselbe Richter ist, der sich, wie später sich ergeben wird, der Angeklagten am feindlichsten zeigte.

XVI.

Die Bestellung des Gerichtshofes zur Aburtelung über die Jungfrau.

Alsbald ordnete Cauchon mit großem Eifer das Gericht, welches das Maaß der Ungerechtigkeit voll machen und Johanna namentlich als Ketzerin verdammen sollte, um solchergestalt den König Karl von Frankreich als ihren Mitschuldigen und Beschützer recht tief zu beschimpfen. (Vergl. Aussage des Pierre Miges

Qu. II. 301 und Bardinus de Petra 304.) Er handelte als Bischof von Beauvais und hatte die Gefangene in Anspruch genommen, weil sie in seinem Sprengel ergriffen war. Aber, weil er gezwungen worden, seinen Bisthumssitz zu verlassen, war er genöthigt, sich zum Verwalter der Diözese von Rouen ernennen zu lassen, deren Erzbischof als Anhänger des rechtmäßigen Königs sich hatte entfernen müssen.

Rouen, von Vorliebe für die Engländer ergriffen, bot ihm vielfach Gelegenheit, seine Pläne zu unterstützen, und wurde benutzt, weil sie dort in Haft war, um dadurch den Gerichtsstand in dieser Stadt zu begründen.

Da der zum Groß-Inquisitor bestellte Geistliche seiner Einladung nicht hatte folgen können, so sandte derselbe ihm seinen Vertreter als Beistand. Nachdem diese Einleitungen getroffen waren, ernannte er durch besondere Verfügungen einen General-Prokurator und seine Wahl fiel auf Jean d'Estival, der, wie er, als Anhänger der Engländer aus Beauvais hatte fliehen müssen. Dieser Canonicus, ein ihm völlig ergebenes Geschöpf, zeigte im ganzen Verlauf der Untersuchung die beharrlichste und verächtlichste Parteilichkeit. Durch eine andere Verfügung ernannte der Bischof noch einen Rath zur Vernehmung der Zeugen und Aufnahme der Verhandlungen. Dies war der würdige Jean de la Fontaine (Johannes de fonte), der, weil er mehr, als es klug war, die Gefühle der Gerechtigkeit, die ihn erfüllten, blicken ließ, bedroht wurde und sich später entfernte, um sich unter den Schutz der englischen Krieger zu begeben. Cauchon ernannte auch einen Vollstrecker der

Urtheile oder Gerichts-Vollzieher und endlich zwei Notarien, welche beauftragt wurden, die Anklage zu entwerfen.

Außer den Mitgliedern, welche den beständigen und thätigen Kern des Gerichts bildeten, fügte der Bischof, um den verstärkten Schein der Gerechtigkeit, zugleich aber eine desto größere Sicherheit des Gelingens zu haben, noch eine große Zahl von Räthen hinzu, welche er aus dem Capitel der Cathedrale und den Pfarreien, den Klöstern von Rouen und aus benachbarten Sprengeln nahm. Sie waren meistens Doctoren der Theologie oder der Rechte. Die muthigsten lehnten die Zuziehung ab, allein die Furcht vor seiner Macht und die Gefahr, den Engländern zu mißfallen, bestimmte mehrere, als Richter zu erscheinen.

Ein Magister, Johannes ad ensem, soll weinend gerufen haben: „Ich hätte gern mit der Untersuchung nichts zu schaffen, denn ich wünschte, daß meine Seele sei, wo, wie ich glaube, einst die dieser Jungfrau sein wird!"

Auch zwei Aerzte waren unter den Beisitzern. Die Zahl der Richter war nicht feststehend, sie schwankte in den verschiedenen Sitzungen von 40—50, ja sie beschränkte sich zuweilen nur auf den Bischof und einige wenige Mitglieder. Endlich waren auch nicht dieselben Richter bei jeder Sitzung zugegen.

XVII.

Die Art der Untersuchung im Allgemeinen.

Die ganze Untersuchung war nichts, als ein leeres Trug-
bild, um das Publikum zu täuschen. Unter dem Deckmantel
der Milde und Menschlichkeit wurde die höchste Willkür geübt.
Das der Jungfrau Vortheilhafte ward möglichst unterdrückt
oder so umgestaltet, daß es in ganz anderem Lichte erschien.
So haben selbst Thomas de Courcelles und Guillaume
Mouchon vermerkt, daß der Bischof Informationen aus der
Heimath Johanna's bei der Untersuchung habe vorlesen und
diese durch Mouchon in systematische Artikel bringen lassen,
welche später nochmals einer neuen Redaction unterworfen seien.
Bei dem Rehabilitations-Proceß wollte Mouchon sich solcher
Ermittelungen gar nicht mehr erinnern und versicherte, daß,
wenn sie bei der Untersuchung vorgebracht wären, er sie den
Verhandlungen beigefügt haben würde. Danach ist anzunehmen,
daß Mouchon entweder bei der Untersuchung als Zeuge eingewilligt hat, Dinge vermerken zu lassen, die er weder gesehen,
noch gethan, oder die Begebenheiten haben sich zugetragen, wie
die Urkunden ergeben und er hat im Jahre 1456 die Unwahr-
heit gesagt. Zu bemerken ist jedenfalls auch, daß der Bischof
von Beauvais viele Zeugen vernehmen ließ, aber wenige davon
später citirte. Jedenfalls wirkten die vielfachen Bedrohungen
gegen einige dem unglücklichen Schlachtopfer günstige Richter
schon höchst nachtheilig auf die ganze Procedur, welche der

Bischof den Engländern zu Liebe gewiß viel mehr abgekürzt
hätte, wenn es ihm nicht darum zu thun gewesen wäre, sich
bei der hohen Wichtigkeit des Opfers den Schein der höchsten
Gründlichkeit, Sorgfalt und Gerechtigkeit zu geben, gerade weil
wol das Gerücht ging, er sei von den Engländern erkauft
und bestochen. In der Stille verbot er wiederholt, das nieder-
zuschreiben, was der Jungfrau zur Entschuldigung dienen
könnte, und befahl das umzugestalten, was ihr vortheilhaft
war. (cf. die Aussage des Mouchon Q. II. S. und Bardinus de Petra II. 304.)

Viele Beweise, die ihr nützen konnten, wurden theils nicht
erhoben, oder doch die Vernehmungen durch verschiedene Re-
dactionen so zugeschnitten, wie sie dem Bischof gerade paßten.
So viel ist gewiß, daß die aufgestellten Artikel viele Erklärungen
der Jungfrau enthalten, welche durch andere Aussagen, die sie
sonst abgegeben, widerlegt waren. (Quich. Aperçus S. 128.)
Bei dem Rechtfertigungs-Prozeß wurden 5 Blätter vorgezeigt
(cfr. die Aussage des Jacob de Touraine), mit Zusätzen und
Correcturen versehen, die Vieles anders, und ganz entgegen-
gesetzt ergaben, welche man nicht zum Abschreiben geeignet
befunden, weil zuweilen ausgestrichen und darüber geschrieben
war. (Quich. II. S. 127.)

Mit vollem Recht warf Johanna daher eines Tages im
Laufe der Untersuchung dem Bischof vor:

„Ihr laßt Alles niederschreiben, was gegen mich ist, und
übergeht das, was für mich spricht!"

Mit sehr triftigem Grunde mußte deshalb auch der
berühmte Jurist Lohier auf Befragen des Bischofs den ganzen

Proceß als ungehörig verwerfen. Diese offene Erklärung und Lohier's Aeußerung zu Monchon, daß die ganze Untersuchung nur den Stempel der Gehässigkeit trage, erbitterte jenen hohen Geistlichen dergestalt, daß er den berühmten Juristen bedrohte, ihn durch die Engländer ersäufen zu lassen, wenn er sich ferner ähnliche Aeußerungen erlauben werde. (Qu. II. 153.)

Dennoch war es nicht möglich, alle oft so treffenden und richtigen Antworten des edlen Mädchens ganz zu unterdrücken. So entgegnete sie auf die Frage: wie sie den Beistand Gottes und der heiligen Jungfrau bei dieser Untersuchung erbeten? — daß sie es mit diesen Worten gethan:

„Viel theurer Gott (très doux Dieux) zur Ehre Deiner heiligen Leiden bitte ich Dich, wenn Du mich lieb hast, mir zu enthüllen, wie ich diesen Herren von der Kirche antworten soll!"

Der Schimmer von Gerechtigkeit, womit man sich umgab, trat in den grellsten Gegensatz zu den angewandten Formen, denn mit Ausnahme der Oeffentlichkeit, welche bei den feierlichen Sitzungen stattfand, wurde diese damals schon wesentliche Regel des französischen Straf-Verfahrens fast unausgesetzt verletzt. Man hatte die schmähliche Form des Inquisitions-Processes angenommen, die ungünstigste von allen für die Angeklagten und die überdies in Frankreich gesetzlich gar nicht eingeführt war.

Es war dies ein Versuch der englischen Partei, der genügend zur Beurtheilung des Grades von Unterdrückung ist, welcher sie das französische Volk unterwerfen wollte. Endlich um jeden Widerstand zu beseitigen, wurde die Angeklagte allein und ohne Beistand vor das gefährliche Tribunal gestellt, das sich mit allen Spitzfindigkeiten der Schule gewaffnet und mit den Nebeln der scholastischen Theologie jener Epoche umhüllt hatte. Indessen schwuren die Richter, wie namentlich der öffentliche Ankläger Joh. d'Estival, der sie später fortwährend mit den ärgsten Schimpfnamen belegte, nichts gegen sie thun zu wollen aus Rache, Haß oder Furcht. (Charm. III. 194. v. R. 467.) Alle versicherten, daß sie mit größter Milde vorschreiten wollten, nur Belehrung bezweckend, keine Rache oder körperliche Bestrafung.

Johanna selbst erschien lediglich unterstützt durch ihren eigenen Muth und ihren frommen Enthusiasmus für die Ehre des französischen Namens, alle Rathgeber ablehnend, aber sie wurde einer geistigen Folter unterworfen, welche oft in den zweideutigsten und verfänglichsten Fragen ihrer Feinde bestand.

XVIII.

Johanna's Anschuldigung und Vernehmung im Allgemeinen.

Cauchon hatte in besonderen Rundschreiben an die Universität zu Paris, an den Inquisitor Martin und das Capitel zu Rouen darzuthun gesucht, daß gegen Johanna vornehmlich deshalb mit der peinlichen Untersuchung vorzugehen sei, weil sie Alles verleugnet, was einem Weibe ziemt, mit kecker Frechheit unförmliche, nur den Männern gebührende Kleidung trage und gegen den katholischen Glauben vielfach zu sündigen sich unterfangen habe.

Dadurch, daß er sie vor das geistliche Gericht seines Sprengels gezogen, wollte er zugleich verhindern, daß sie als gewöhnliche Kriegsgefangene behandelt werde, und beabsichtigte er, sie als Ketzerin und Hexe zu verdammen, damit aber zugleich ihre Anhänger, wie Karl VII., an welchem er sich rächen wollte, als Vertheidiger teuflischer Künste zu brandmarken*).

Aber alle Bemühungen, durch Zeugen ein Bündniß Johanna's mit dem Teufel darzuthun, blieben fruchtlos.

Die in Johanna's Heimath auf Geheiß des Bischofs angestellten Ermittelungen waren seinen Wünschen so wenig entsprechend, daß er den Richtern nur Auszüge vorlegte und solche später ganz unterdrückte. (Quich. S. 27.) Dies geht auch aus der Aussage des Mich. Lebuin hervor, welcher bekundet, daß während der Haft Johanna's ein gewisser Mr. Bailey Namens des Maires zu Chaumont über sie Erkundigungen eingezogen habe, welche nur gut ausgefallen seien. (Qu. II. 441. 443.) Vorzüglich wurden zahlreiche Fragen über ihren religiösen Unterricht und über verschiedene Vorgänge, welche man als Götzendienst darstellte, sowie über die von ihr behaupteten Erscheinungen, über ihre Erfolge und ihr Verhältniß zum König an sie gerichtet. Häufig war der Lärm so groß, daß der Notar Wilh. Monchon sich darüber beschwerte. Bei dem ersten Verhör ging eine Ermahnung voraus, offen

---

*) Procès 3. 13. Buchon 37. Averd. 9—11. 377. Monstrelet IX. 213. Charm. IV. 110.

die Wahrheit zu sagen. Später wurde ihr sogar die Auflage
gemacht, einen Eid dahin zu leisten, daß sie die Wahrheit
antworten wolle auf alle an sie gerichtete Fragen. Sie entgegnete: „Ich weiß nicht, worüber Ihr mich fragen wollt.
Vielleicht könntet Ihr von mir etwas wissen wollen, was ich
Euch nicht sagen will!" Auf die wiederholte Versicherung, daß
sie nur das beschwören solle, was den Glauben betreffe, willfahrte sie diesem Verlangen*), jedoch mit dem Bemerken, daß
sie auf die Fragen nicht antworten werde, bei welchen ein Eid
sie zum Schweigen verpflichte und soweit es Offenbarungen in
Bezug auf den König betreffe. Ueber das Zeichen, das sie
dem Könige zum Beweise ihrer göttlichen Sendung gegeben,
verweigerte sie auch später entschieden jede nähere Auskunft und
sagte endlich nur auf vieles Andringen: „es befinde sich dasselbe
im Schatz des Königs und sei so reich, daß kein Mensch es
beschreiben könne. Ein Engel von Gott gesandt — worunter
sie später sich selbst soll zu verstehen gegeben haben — habe
dem König das Zeichen übergeben, das Jahrtausende über-
dauern werde. Der Engel habe auch dem Könige eine Krone
gezeigt und ihm gesagt, er solle Johanna an's Werk setzen,
dann werde das Volk befreit werden und er ganz Frankreich
wieder erhalten."

Sie verblieb hierbei ungeachtet mehrerer Drohungen und
wollte auch über den König von Frankreich nichts aussagen.
Als der Bischof sie in dieser Hinsicht sehr drängte, rief sie
aus: „Hütet Euch, zu sagen, daß Ihr meine Richter seid,

*) Procès de condemn. II. S. 45.

denn Ihr setzt Euer Gewissen großer Gefahr aus." Der Bischof antwortete nicht ohne Verlegenheit:

„Der König von England hat mir befohlen, Dich zu richten, und ich werde Dich richten."

Derselbe verlangte auch, sie solle versprechen, den Kerker nicht ohne seine Erlaubniß zu verlassen, weil man sie sonst als Ketzerin behandeln würde, sie entgegnete aber, daß sie das nicht könne. Wenn sie zu entrinnen vermöge, dürfe Niemand ihr einen Treubruch vorwerfen, weil sie Keinem ihr Wort gegeben.

Demnächst habe sie sich beklagt, daß man sie in eisernen Banden halte, aber sie wurde bedeutet, daß dies geschehe, weil sie mehrmals zu entfliehen versucht, worauf sie erklärte, daß sie allerdings dies zu thun bestrebt gewesen, wie es wol jedem Gefangenen erlaubt sei. Hiernächst seien noch Joh. Gris, Joh. Bervoit und Willermus Talbot eidlich verpflichtet worden, sie genau zu bewachen und Niemanden mit ihr reden zu lassen. (Procès de cond. S. 48.)

Als man demnächst wiederholt von ihr den Eid verlangte, die Wahrheit zu sagen, indem selbst ein Fürst, wenn solcher in Sachen des Glaubens verlangt werde, denselben nicht verweigern dürfe, erklärte sie, man quäle sie zu sehr, da sie den Eid erst zuvor geleistet, schwur aber auf Andringen nochmals.

Als der berühmte Professor der Theologie Joh. Pulchripater sie ermahnte, ihrem Eid gemäß die Wahrheit zu sagen, entgegnete sie: „Ihr habt gut fordern von mir. Ich werde Euch über Einiges die Wahrheit antworten, über Anderes gar nicht. Wenn Ihr wohl unterrichtet wäret, so würdet Ihr wünschen, daß ich außerhalb Eurer Hände wäre. Ich habe

Alles nur auf höhere Eingebung gethan." (Procès de cond. S. 51.)

Ueber ihre Herkunft und Heimath befragt, sprach sie von ihren Eltern mit der größten Zärtlichkeit, bedauerte, daß sie dieselben habe verlassen müssen, versicherte aber, daß sie den göttlichen Eingebungen zu folgen genöthigt gewesen sei und ihre Eltern ihr verziehen hätten. Als sie befragt wurde, ob sie es nicht für sündig gehalten, Vater und Mutter zu verlassen, antwortete sie: „War es doch Gottes Gebot! Und hätte ich 100 Väter gehabt und 100 Mütter, und wäre ich eines Königs Tochter gewesen, ich wäre dennoch fortgezogen!"

Sie nannte die Geistlichen, denen sie gebeichtet, namentlich den Pfarrer zu Vaucouleurs, und alle ihre Antworten zeigten von ihrem innern christlichen Sinn. Auf die Frage, ob ihre Genossen Messe und Gottesdienst für sie gehalten, entgegnete sie: „Ich weiß davon nichts, aber, wenn sie für mich beten, so thun sie, wie ich denke, wol nicht übel daran!"

Befragt, ob sie Bilder habe von sich machen lassen oder machen sehen, entgegnete sie, daß sie zu Arras bei einem Schotten ein Bild wahrgenommen, welches Aehnlichkeit mit ihr gehabt, wie sie im Waffenschmuck mit gebeugtem Knie dem Könige einen Brief überreicht.

Auf Befragen erklärte sie ferner, daß sie zu Laigny auf Bitten mehrerer Jungfrauen bei einem schwer erkrankten Knaben gebetet, daß Gott ihn leben lasse, und daß darauf bei demselben, als er schon schwarz und todt gewesen, die Farbe zurückgekehrt sei.

Auf die Frage, ob die Stimmen sie oft die Tochter Gottes, die Tochter der Kirche, das Mädchen mit dem großen Herzen genannt, entgegnete sie, daß dieselben vor der Befreiung von Orleans und nachher täglich sie oft Johanna, die Jungfrau, die Tochter Gottes genannt.

Befragt, warum sie, da sie sich doch Tochter Gottes nenne, nicht gern das Pater noster bete, antwortete sie, daß sie es gern bete und wenn sie es anderweit verweigert, sei dies nur in der Absicht gethan, daß der Bischof es zugleich mit dem Glaubensbekenntniß höre.

Auf die Frage, ob sie selbst zu Gott gesprochen, als sie gelobt, Jungfrau zu bleiben, antwortete sie, daß es wohl habe genügen müssen, dies denen zu geloben, welche von Gott gesandt gewesen, der heiligen Katharina und Margaretha. Sie habe dies Gelübde gethan, als sie zuerst in ihrem dreizehnten Jahre die Stimme gehört. Gefragt, ob sie bei ihren Eingebungen glaube, gar nicht menschlich sündigen zu können, versetzte sie: „ich weiß es nicht, unterwerfe mich aber in Allem dem Herrn. Sollte ich aber menschlich gesündigt haben, was ich nicht glaube, so hoffe ich, daß die heilige Katharina und Margaretha mich davon entbinden werden. Uebrigens meine ich, daß Niemand sein Gewissen genug reinigen könne."

Befragt, ob sie geweihtes Wasser auf ihre Fahne habe gießen lassen, wenn sie diese von neuem genommen, antwortete sie, sie wisse das nicht; sei es geschehen, so sei es ohne ihr Geheiß vollbracht.

Auf die fernere Frage, ob ihre Genossen glaubten, daß sie von Gott gesendet sei, erwiederte sie:

„Ich weiß es nicht, ob sie es glaubten, aber ich hoffe es zu ihrem Herzen!"

Als man sie fragte, ob sie nicht fürchte, in die Hölle verdammt zu werden, entgegnete sie:

„Ich glaube fest, was meine Stimmen mir verkündet, daß ich selig werde und zwar so fest, als wäre ich schon dort." (Quich. I. S. 156.)

Aber ihre Richter wollten nun einmal ungeachtet ihres ächt frommen Sinnes und unsträflichen Wandels sie der Abgötterei und Ketzerei schuldig finden und konnten daher ihrem wiederholten Verlangen, der Messe und dem Gottesdienste beizuwohnen, nicht Statt geben, weil dies noch stärker für ihre wahrhaft katholische und christliche Gesinnung gesprochen hätte.

Besonders heftig widersetzte sich d'Estival ihrem Wunsche.

Der Gerichtsdiener Massieu, welcher ihr bei dem Zurückführen nach dem Kerker gestattet hatte, in der Kirche ein Gebet zu sprechen, wurde von dem Generalanwalt heftig zurecht gewiesen und die edle Jungfrau mit den gemeinsten Schimpfreden belegt. Man glaubte endlich für ihre Abgötterei Beweise in ihrer Heimath gefunden zu haben. Nach dem Bericht der ersten Untersuchungs-Commission machte man ihr nämlich Vorwürfe über den hübschen Maienbaum (sur le beau mai), über die Spaziergänge nach dem Brunnen, den Tanz um den Feenbaum und andere unschuldige Spiele ihrer Jugend in den Dörfern der Maas, wie sie dort stattfinden bei dem Nahen des Lenzes.

Wiederholt ward ihr vorgeworfen, daß demüthige Unterwerfung der eigenen Meinung unter das Urtheil weiser Männer die Pflicht jedes Christen sei. Auch dürfte sich Niemand der Aufsicht der Kirche entziehen, weil er Offenbarungen habe, denn selbst die Apostel hätten ihre Schriften der Kirche unterworfen, den Geistlichen aber sei Macht gegeben, über die guten und schlechten Thaten der Gläubigen zu richten. Wer jene verachte, der verachte Gott, wer sie höre, der höre Gott. Die katholische Kirche überdies könne nicht irren und Jemanden ungerecht beurtheilen.

Zu den unsinnigsten gegen sie vorgebrachten Beschuldigungen gehört die, daß sie sich gerühmt haben sollte, sie werde drei Söhne gebären, von denen der eine Papst, der zweite Kaiser, der dritte König werden solle.

Der Umstand, daß sie behauptete, bestimmte Erscheinungen gehabt und diesen geglaubt, ja den Gebilden ihrer Phantasie göttliche Verehrung bezeigt zu haben, ward ihr als ein Umgang mit bösen Geistern und Götzendienerei vorgeworfen. (I. Quich. S. 276.)

XIX.
Ihre weitere Vernehmung und Antworten auf einzelne besondere Anschuldigungen.

Die Fragen über die behaupteten Erscheinungen wurden bis zum Ueberdruß wiederholt, ja die Herren Richter erlaubten sich namentlich hierbei, sie oft alle durcheinander und zugleich mit Fragen zu bestürmen. Vermöge ihres gesunden Verstandes und unerschütterlichen Muthes sagte sie ihnen dann wol „Meine besten Herren, fragen Sie gefälligst Einer nach dem Andern" (faites l'un après l'autre.). Es wurden ihr indessen die verfänglichsten und unsinnigsten Fragen auch über alle möglichen Einzelheiten, namentlich in Bezug auf die behaupteten Erscheinungen vorgelegt, offenbar um sie zu verwirren und in Widersprüche zu verwickeln.

So wurde sie gefragt:

Ob damals, als die Stimmen ihr den König gezeigt, an dem Orte etwas Licht gewesen sei, so wie, ob sie einen Engel über ihrem König gesehen? Sie antwortete mit Würde: „Verschont mich! Gehet weiter!" Später sagte sie auf dieselbe Frage: „Bei der heiligen Maria, wenn ein Engel dort war, so weiß ich es nicht und habe ihn nicht gesehen!"

Wegen des Lichtes sagte sie später:

„Es waren dort mehr als 300 Ritter (Quich. I. S. 210 und 50), ohne das geistige Licht zu zählen. Und selten habe ich Erscheinungen ohne Licht gesehen." Zugleich bemerkte sie aber, daß, bevor ihr König sie zum Kampf gesendet, er viele Erscheinungen gehabt habe. Auf die Frage, welche? antwortete sie:

„Dies werde ich Euch nicht sagen. Schickt jedoch zum König selbst und er wird es Euch mittheilen."

Ferner befragt, ob der Erzengel Michael, als er ihr erschienen sei, Flügel, eine Wage und Haare gehabt, entgegnete sie:

„Aus welchem Grunde sollte man sie ihm abgeschnitten haben?" (Quich. I. S. 89.) Oft antwortete sie gar nicht direct, zuweilen verschob sie ihre Antwort, um, wie sie sagte, erst ihre heiligen Beschützerinnen zu fragen; endlich kam es auch vor, daß sie vielen leeren Fragen ein imposantes Stillschweigen entgegensetzte.

So z. B. befragt, ob die Stimmen ihr verboten, die Enthüllungen in Bezug auf den König mitzutheilen, sagte sie:

„Ich habe darüber nicht um Rath gefragt. Gebt mir vierzehn Tage Bedenkzeit und ich werde Euch antworten. Wenn aber die Stimmen es mir verbieten sollten, was wollt Ihr dann sagen?"

Wenn man die Wahrhaftigkeit ihrer Erscheinungen bezweifelte, behauptete sie solche mit Lebhaftigkeit. Auch versicherte sie, daß kaum ein Tag vergehe, wo sie ihre Stimmen nicht höre, daß sie aber von denselben nie etwas Anderes verlangt habe, als die Rettung ihrer Seele.

Die Stimmen und Erscheinungen seien oft Morgens und Abends, oft auch im Schlaf zu ihr gekommen und hätten sie geweckt.

Befragt, ob jene Stimmen von einem Engel oder von Gott kämen, antwortete sie, daß sie fest, w.e vom christlichen Glauben, davon überzeugt sei, daß die Stimmen von Gott kämen. Uebrigens habe sie größere Furcht, zu fehlen, indem sie etwas sage, was jenen Stimmen mißfallen könnte, als sie hätte, den Fragenden zu antworten.

Ein anderes Mal sagte sie, es seien die Stimmen der heiligen Katharina und Margaretha gewesen, deren Gestalten sie reich und prächtig, auch mit Kronen geschmückt, erschaut. Der heilige Michael, welcher ihr körperlich erschienen, umgeben von Engeln des Himmels, habe ihr bekräftigt, daß es jene seien, auch habe sie selbst solche erkannt. Der heilige Michael sei auf Geheiß Gottes selbst nach Frankreich gekommen. Auf die Frage, wie er ausgesehen, antwortete sie, daß sie noch keine Erlaubniß habe, dies zu sagen. Alle Drei aber habe sie so deutlich gesehen, daß sie wohl wisse, es seien Heilige aus dem Paradiese gewesen. (Quich. I. S. 93.)

Befragt, ob sie bei jener Stimme nicht so viel vermöge, daß sie gehorche, um dem König Botschaft zu bringen, entgegnete sie, daß sie nicht wisse, ob die Stimme gehorchen wollte, wenn es nicht der Wille Gottes sei. „Und wenn es Gott gefällt," sagte sie, „so wird er selbst es wol dem König enthüllen können, und dann werde ich sehr froh sein." Befragt, ob die Stimmen ein Gesicht und Augen gehabt, antwortete sie: „Ihr werdet das noch nicht erfahren," und meinte, es sei ein Sprüchwort kleiner Knaben, daß zuweilen die Menschen gehängt würden, wenn sie die Wahrheit sagten.

Auf die Frage, ob sie in ihrer Jugend von der Stimme eine Mittheilung darüber erhalten, daß die Engländer nach Frankreich kommen würden, antwortete sie, daß die Engländer schon in Frankreich gewesen wären, als die Stimmen angefangen, zu ihr zu kommen.

In Bezug auf ihre Stimmen sagte sie außerdem, daß die heilige Katharina und Margaretha, wenn sie dieselben anrufe, sich Rath holten von Gott und nach dessen Anweisung ihr verkündeten, was sie zu thun habe. (Quich. I. S. 153.)

Bei allen ihren großen Unternehmungen seien ihre Stimmen ihr stets zu Hilfe gekommen, und das sei ein Zeichen, daß sie gute Geister seien. Auch habe der heilige Michael ihr ja vor ihrem Erscheinen versichert, daß jene bestimmt seien, sie zu leiten und zu berathen. Er selbst habe sie ermahnt, ein braves Mädchen zu sein und zu bleiben, dann würde Gott ihr beistehen und sie Frankreich retten.

„Aber wie könnt Ihr behaupten," sagte man ihr, „die Erscheinungen berührt, gehört und körperlich gesehen zu haben, da sie doch reine Geister sind, welche keine Körper besitzen?"

„Ich weiß es nicht," antwortete sie, „aber ich habe sie gesehen und gehört, wie ich Euch sehe und höre und bin davon überzeugt, wie von meinem Dasein." Auf die Frage, was die Stimmen ihr gesagt, entgegnete sie, dieselben hätten auf ihre Bitte um Hilfe ihr gerathen, dreist zu antworten, dann werde Gott sie schützen. (Quich. I. S. 62.) Befragt, ob die Stimmen zuweilen ihren Rath geändert, antwortete sie, daß sie solche nie auf zweierlei Reden betroffen.

Auf die Frage, ob sie nicht vor dem Angriff des Feindes ihren Leuten gesagt, daß sie die Pfeile und Geschosse auffangen würde, verneinte sie dies nicht nur, sondern versicherte auch, es seien wohl mehr als hundert Menschen verwundet. Dagegen habe sie ihren Schaaren allerdings gesagt, daß sie nicht verzweifeln sollten.

Befragt, wen sie von den drei obersten Bischöfen für den richtigen Papst halte, meinte sie: „den zu Rom!"

Auf die Frage, ob ihre Heiligen Haare hätten, bejahte sie dies und versicherte zugleich, daß sie sanft, deutlich und gut französisch gesprochen, aber keine Glieder gehabt hätten. Als

sie darauf befragt wurde, wie sie hätten reden können ohne
Glieder, antwortete sie, daß sie sich auf Gott beziehe.

Befragt, ob die heilige Margaretha englisch geredet, entgegnete sie: „Wie sollte sie englisch reden, da sie doch nicht
von der Partei der Engländer war."

Befragt, ob sie wisse, daß die heilige Katharina und Margaretha die Engländer haßten, sagte sie: „Sie lieben, was Gott
liebt, und hassen, was Gott haßt. (Quich. I. S. 187.)

Auf die Frage, ob der heilige Michael nackt gewesen, da
sie von seiner Kleidung nichts bemerkt haben wollte, antwortete
sie: „Denkt Ihr, daß Gott nichts habe, ihn zu bekleiden?" *)

Auf Befragen erklärte sie, daß sie allerdings eine gewisse
Katharina de Rupelle bei Montfaucon gekannt, welche ihr erzählt, eine weißgekleidete Frau habe sie beauftragt, in allen
guten Städten des Königs selbst Herolde aufzufordern, möglichst alles verborgene Gold, Silber und sonstige Schätze her-
beizubringen, um davon ihre, Johanna's Truppen zu bezahlen.
Sie, Johanna, habe jedoch geantwortet, sie möge nur zu ihrem
Manne zurückkehren und ihr Haus besorgen, denn die heilige
Katharina und Margaretha hätten auf ihre Fragen gesagt,
daß dies Alles Thorheit sei. Der Mönch, Bruder Richard,
dagegen habe gewollt, daß die Sache in's Werk gesetzt werde,
und er und die Katharina von Rupelle seien schlecht mit ihr
zufrieden gewesen. Uebrigens habe sie von der gedachten Katharina verlangt, daß die weiße Frau eine Nacht zu ihr kommen solle, aber obwohl sie zwei Nächte gewacht, als deren

*) Quich. I. S. 89.

Erscheinung ihr verheißen gewesen, sei jene dennoch nicht gekommen. (Quich. II. S. 109.)

Befragt, ob die heilige Margaretha und Katharina mit
ihr an dem erwähnten Feenbaum geredet, versicherte sie dies,
und daß sie namentlich ihr verheißen, es solle durch sie der
König in sein Reich wieder eingesetzt werden und daß sie selbst
in das Paradies geführt werden würde.

Auf näheres Befragen erklärte sie, daß die heilige Katharina und Margaretha bei ihrem Erscheinen eine liebliche Luft
um sich verbreitet und daß sie bei dem Umfassen ihre Wärme
gefühlt habe.

Auf die Frage, ob sie solche oben oder unten umfaßt,
entgegnete sie schnell: Unten, weil es sich so besser geziemt habe.
(Quich. II. S. 186.) Befragt, ob Gott für die Engländer
gewesen sei, als sie in Frankreich obgesiegt, antwortete sie, daß
sie nicht wisse, ob Gott damals die Franzosen gehaßt, daß sie
aber glaube, er habe sie damals wollen büßen lassen für ihre
Sünden. (Quich. II. S. 289.)

„Weißt Du," sagte eines Tages ein anderer Richter zu
ihr, „ob Du in der Gnade Gottes bist?" (être en grâce
de Dieu?)

Der wackere Beisitzer Johann Fabry, entrüstet über diese
Frage, rief laut: „Das ist zu viel!" Und als man ihm Schweigen gebot, erklärte er muthig: „Das ist zu viel. Die Angeklagte ist nicht schuldig, auf solche Fragen zu antworten!"

Als dennoch in Johanna gedrungen ward, antwortete sie
wie auf eine höhere Eingebung:

„Wenn ich nicht in der Gnade des Herrn wandle, so

möge er mich ihrer theilhaftig machen, und wandle ich darin, so möge er mich darin erhalten."

Befragt, ob sie wohl gethan zu haben glaube, daß sie männliche Kleidung angelegt, antwortete sie, daß sie Alles, was sie auf Geheiß Gottes gethan, glaube gut gethan zu haben. Nach ihrer Meinung sei es nicht gegen die Kirche, männliche Kleidung zu tragen, auch beschwere solches ihre Seele nicht.

Man warf ihr besonders vor, daß sie sich geschmeichelt habe, die künftigen Dinge vorher zu wissen, sie blieb aber dabei, daß das, was sie behauptet habe, eintreffen müsse, weil höhere Geister es ihr offenbart hätten. „Vor Ablauf von sieben Jahren," fügte sie hinzu, „wird sich noch mehr erfüllen. Die Engländer werden ein noch größeres Pfand (gage) verlieren, als vor Orleans; sie werden Alles verlieren in Frankreich, durch einen großen Sieg, den Gott den Franzosen schenken wird."

Und in der That, sechs Jahre später, am 13. April 1436, eroberten der Connetable Richemond und Dunois Paris.

Auf die Frage, ob sie nie gebetet, daß das Schwert von Fierbois ihr Glück bringe, entgegnete sie: „Schöne Frage! Wohl habe ich gewünscht, daß alle meine Waffen mir Glück brächten!"

Als der Graf Warwick, der englische Oberfeldherr, sie kurz vor ihrem Tode im Kerker besuchte und zwar in Begleitung eines vornehmen Geistlichen und des Johann von Luxembourg, meinte er, daß er gekommen sei, ihr Lösegeld zu ordnen, wenn sie verspreche, sich nicht wieder gegen die Engländer zu bewaffnen. Sie versetzte, er solle ihrer nicht spotten, und fügte hinzu: „Nein, ich weiß, daß die Engländer mich werden tödten lassen, indem sie hoffen durch meinen Tod die Herrschaft über Frankreich zu erlangen, aber wenn auch noch 100,000 Engländer mehr sind, sie werden den Sieg nicht davon tragen!"

Jener vornehme englische Geistliche in dem Gefolge des Grafen Warwick war über diese kühne Antwort des wehrlosen Mädchens so entrüstet, daß er seinen Dolch zückte (tira sa dague) und sie damit durchbohrt haben würde, wenn ihn der Graf nicht daran verhindert hätte.

Man warf ihr wiederholt vor, daß sie von dem großen Haufen fast göttliche Huldigungen empfangen habe. Sie entgegnete: „Konnt' ich die braven Leute daran hindern, sich mir zu nahen und mir Zeichen ihres guten Willens zu geben?"

Wiederholt bedrängt mit der Frage, welches Zeichen sie dem König für die Aechtheit ihrer Sendung gegeben, antwortete sie:

„Wäre es Euch recht, wenn ich meineidig würde?"

Als man sie fragte, weshalb die Macht Gottes gerade sie gewählt, um ihr seine Engel zu senden, entgegnete sie:

„Es gefiel Gott so, eben durch ein einfältig Mägdlein die Feinde des Königs zurückzutreiben."

Als man ihr vorwarf, sie habe ihre Fahne bei dem Altar zu Rheims niedergelegt und in Folge ihres Hochmuths verlangt, daß man sie besonders verehre, versetzte sie:

„Meine Fahne war bei den Mühsalen (peines), war es daher nicht gerecht, daß sie auch die Ehre theilte?"

Auf die Frage, ob ihre Siegeshoffnung auf ihre Fahne oder auf sie selbst gestellt gewesen, entgegnete sie:

„Auf unsern Herrn war sie gestellt und auf nichts Anderes sonst!"

Auf den Vorwurf, sie habe sich ein besonderes Wappen
malen lassen, mit zwei goldenen Lilien im azurnen Felde, an
den Seiten eines emporgerichteten silbernen Schwertes und eines
goldenen Kreuzes, mit einer goldenen Krone über der Spitze
des Schwertes, dergleichen eitle Dinge aber einer Eingebung
Gottes zuzuschreiben, sei eine Verletzung der Ehrfurcht gegen
Gott, entgegnete sie: sie habe gar kein Wappen geführt, dagegen habe der König, ohne ihr Zuthun, ihren Brüdern ein azur-
nes Wappen mit einem Schwert gegeben, an dessen Seite zwei
goldene Lilien sich befanden.

Man warf ihr auch vor, sie habe zu St. Denys im
Dom die Waffenrüstung aufhängen lassen, in welcher sie beim
Angriff auf Paris verwundet worden, damit sie vom Volk wie
eine Reliquie verehrt werde. Desgleichen, daß sie daselbst
habe Wachskerzen anzünden und flüssiges Wachs auf die Köpfe
kleiner Kinder habe träufeln lassen, um deren Zukunft vorher-
zusagen.

Sie stellte zwar nicht in Abrede, daß sie im Dome zu
St. Denys einen weißen Harnisch und ein vor Paris erbeutetes
Schwert geweiht habe, versicherte aber, daß dies lediglich aus
Frömmigkeit und Dank gegen den heiligen Dionys geschehen
sei. Die anderen Beschuldigungen wies sie entschieden zurück.

Auf die Vorhaltung, daß sie ihre Erfolge gegen die Engländer nur durch Zauberformeln erlangt habe, erwiederte sie
die schon oben angeführten Worte: „Ich sagte zu den Truppen

des Königs blos: Dringt muthig in die Engländer ein, und ich that es an ihrer Spitze!"

Auf die fernere Vorhaltung, daß sie große Gunstbezeigungen wegen ihrer kriegerischen Erfolge erhalten habe, versetzte sie: sie habe nichts von ihrem Könige verlangt, als gute Waffen und gute Pferde. Nur diese und etwa 12,000 Mann habe er ihr gegeben, womit sie nach Orleans gezogen sei.

Auf die Frage, ob ihre Stimmen ihr die Befreiung aus der Haft verheißen, antwortete sie fast fröhlich naiv:

„Fürwahr, das würde ich auch gerade Euch wohl mittheilen!"

Ein anderes Mal entgegnete sie auf diese Frage: „Ich habe Euch noch das zu sagen!"

Später erklärte sie auf eine ähnliche Frage: „Das gehört nicht zur Untersuchung. Wollt Ihr, daß ich gegen mich selbst spreche? Aber meine Stimmen haben mir verkündet, daß ich befreit werden und muthig ein fröhliches Gesicht machen soll."

Dabei meinte sie wiederholt, es sei offenbar für einen Gefangenen erlaubt, zu entfliehen, denn ein altes Sprüchwort sage: „Aide-toi et le ciel t'aidera". (Hilf Dir und der Himmel wird Dir helfen.)

Auf die Frage, welche Versprechungen ihr die Heiligen gemacht, entgegnete sie: „das betrifft Euern Prozeß ganz und gar nicht."

Ein anderes Mal sagte sie in Bezug auf ihre Stimmen: „Dieselben sprechen: „ „Gräme dich nicht über' dein Märtyrerthum, du wirst dennoch endlich siegreich daraus hervorgehen in das Reich des Paradieses!" " Ein Märtyrerthum sind die

Leiden meiner Gefangenschaft, aber ich überlasse Alles dem
Herrn."

In Bezug auf ihren Sprung vom Thurm zu Beaurevoir
geht aus ihren Antworten hervor, daß sie keinen Selbstmord
beabsichtigt hat, sondern nur den Engländern zu entrinnen
strebte, um dem schwer bedrängten Compiègne zu Hilfe zu
eilen. Entschieden wies sie dabei die Anschuldigung zurück,
daß sie bei jenem Unfall geflucht und Gott gelästert habe, was
ohnehin Niemand für möglich zu halten vermochte, der ihren
unwandelbar frommen Sinn kannte. (Quich. S. 111. ibid.
S. 266. 268.)

Als einer der Richter sagte, sie sei grausam im Kampfe
gewesen, entgegnete sie: „Ich habe niemals Jemanden getödtet!"
Im Gegentheil hatte sie oft das Unheil des Krieges beklagt,
viele Gefangene gerettet, und häufig selbst das Schicksal derer
gemildert, welche sie zuvor geschmäht, was allgemein bekannt
war und weshalb man sie wol mit solchen Fragen hätte ver-
schonen sollen.

Man warf ihr auch vor, daß sie mit ihrem Ringe Zauberei
getrieben und sich angemaßt habe, damit zu heilen, allein sie
versicherte, sie habe dergleichen nie gethan. Allerdings habe
sie Ringe besessen, einen von ihrem Bruder und einen von den
Eltern, letzterer sei von Bernstein oder auch vielleicht von Gold
gewesen, aber nicht von reinem, den sie oft mit Wohlgefallen
angeschaut, wenn sie zu einer Kriegsthat gegangen sei.

Endlich warf man ihr wiederholt und lebhaft vor, daß
sie Männerkleider trage, die sie in der That auch jetzt noch vor
Gericht trug. Man quälte sie auch deshalb mit unzähligen

Fragen, obgleich sie einfach stets darauf erwiderte, daß es ihr passend geschienen für die Verhältnisse ihres kriegerischen Berufs und daß sie diese Kleidung auch nicht ablegen werde, da ihre Bestimmung das Werk einer Eingebung sei; es sei denn, daß der Herr es ihr befehle. Wolle man sie aber zum Richtplatz führen, so bitte sie im voraus um lange und anständige Kleider für diesen letzten Gang. Doch werde Gott sie in keinem Fall so schmählich sinken lassen, vielmehr ihr Hilfe senden, sei es auch durch ein Wunder.

XX.

Weiteres Verfahren des Bischofs von Beauvais bei der Unter=suchung. Niedersetzung einer besonderen Commission zur Aus=arbeitung eines Referats und bestimmter Artikel.

Nach fünf bis sechs Verhandlungen erklärte der Bischof von Beauvais, um für sich und seine dienstwilligen Geschöpfe freiere Hand zu erhalten: er wolle hinfort nicht mehr so viele ausgezeichnete Männer bemühen, sondern unter dem Beirath einiger in geistlichen und weltlichen Dingen erfahrenen Räthe aus den Geständnissen der Angeschuldigten durch eine Com-mission das Wesentliche ausziehen lassen. Jeder möge dann seine Ansicht ihm mittheilen. So wurden einige Referenten mit der Aufstellung verschiedener Artikel beauftragt, damit angeblich desto besser beurtheilt werden könne, ob hinrei-

8*

chender Stoff sei, wegen dessen Johanna mit Recht in Sachen des Glaubens vor Gericht gestellt werden könne.

Am 23. Januar 1431 wurden die entworfenen Artikel verschiedenen gelehrten Männern, namentlich dem Abt Aegidius, dem Nic. Loyseleur und Joh. de Fonte mitgetheilt.

Diese billigten dieselben ohne nähere Prüfung, wie weit Alles richtig sei, und waren der Meinung, daß sie dem ferneren Verfahren zum Grunde gelegt und entsprechende Fragen aufgestellt werden müßten, nach Maßgabe deren der Bischof die Jungfrau vernehmen lassen sollte. Demgemäß ward wegen Verhinderung des Bischofs der Joh. de Fonte mit der weiteren Untersuchung nach Maßgabe der Artikel beauftragt. Das günstige Gutachten des ehrwürdigen Bischofs von Avranches, welcher mit der ganzen Art der Untersuchung unzufrieden und der Meinung war, daß die Sache vor den Papst oder ein allgemeines Concil gehöre, ward unterdrückt. (Quich. II. 245.)

Nachdem die Untersuchung vorläufig unter Zuziehung des Dr. Nicol. Midi, des ärgsten Feindes Johanna's, welcher eben die 22 Artikel zu ihrem Verderben vorgeschlagen haben soll, und anderer Gelehrten abgeschlossen war, trug der Bischof in Gegenwart des Abts Aegidius und Anderer den 19. Febr. 1431 die Resultate der Voruntersuchung und die 12 Artikel vor. Nach angeblicher genauer Prüfung und auf den Rath jener Herren war er der Ansicht, daß Grund genug sei, jenes Weibsbild in Sachen des Glaubens zur Verantwortung zu ziehen, zu diesem Behuf aber dem zur Verfolgung der Ketzerei in Frankreich bestellten Groß-Inquisitor anheimzugeben, bei der

Untersuchung seinen Beistand zu leisten, wonächst dieser seinen Vertreter damit beauftragte.

Johanna wurde nun weiter ausführlich verhört, ihre erneute Bitte aber, sie zur Beiwohnung der Messe zu gestatten, in Betracht ihrer Verbrechen und anstößigen Kleidung wiederholt zurückgewiesen.

Aller Fragen und Ränke ungeachtet, wollte es ihren Verfolgern immer noch nicht gelingen, einen irgend haltbaren Vorwand zu ihrer Verurtheilung zu erzielen.

Als nach der Sitzung vom 27. Februar 1431 der Gerichtsdiener Massieu sie in das Gefängniß zurückführte, begegnete ihm auf dem Gange ein Sänger der königlichen Kapelle, Namens Franquelet, welcher, ohne die Angeklagte zu bemerken, zu ihm sagte: was er von ihren Antworten denke, ob sie verbrannt werden würde oder nicht?

Jener erwiederte, daß er bis jetzt nichts bemerkt habe, als nur Gutes und Ehrenwerthes. Als diese Antwort den Umgebungen des Königs Heinrich von England und des Grafen Warwick hinterbracht wurde, kam der arme Mann in große Gefahr und Cauchon bedrohte ihn, wie früher den berühmten Juristen Lohier, mit Ersäufung (le faire boire plus que de raison). Quich. II. S. 143.

Die Engländer waren sehr unzufrieden mit der langen Dauer der Untersuchung. Sie meinten, das Geld ihres Königs sei auf dieselbe sehr schlecht angewendet, es sei nothwendig, dieselbe zu enden, und das Ende müsse die Bestrafung der Angeklagten sein, wie sie solche vorhergesagt, nämlich wegen Zauberei, denn die meisten Engländer, ohnehin sehr aber-

gläubisch, hielten sie wirklich fortwährend für etwas Dä-
monisches.

Vornehmlich war der Graf Warwick sehr erzürnt über
die Verzögerung und machte wiederholt dem Bischof Vorwürfe,
da es schiene, als wolle er die Ketzerin mit dem Leben davon
kommen lassen.

Da ließ der Bischof unter dem 18. März 1431 die meisten der bisherigen Verhandlungen in einem Auszuge den andern Geistlichen mittheilen, nach welchem sie demnächst ihre
Meinungen aussprechen und abermals besondere Artikel aus-
gearbeitet werden sollten, um sie den Richtern und der Angeklagten vorzulegen. (Quich. I. S. 188.)

Am 22. März 1431 ward nach langer Berathung beschlossen, die bisherigen Auszüge aus Johannas Geständnissen
noch gedrängter in wenige Artikel zusammenzufassen und dann
den Geistlichen mitzutheilen, damit sie leichter prüfen könnten,
ob noch weiter zu inquiriren, „um so die Untersuchung unter
Gottes Beistand zur Verherrlichung des Glaubens ohne Mangel
zu beenden."

Am 24. März 1431 ward hiernächst eine Uebersicht ihrer
Fragen und Antworten durch den Notar Manchon ihr aus
dem Lateinischen in französischer Sprache verdolmetscht und von
ihr genehmigt. (Quich. I. 191.)

Hiernächst ward beschlossen, daß gegen Johanna im gewöhnlichen Proceß zu verfahren und sie über die genehmigten
Artikel zu hören, das aber, worüber sie zu antworten sich
weigere, für zugestanden zu achten sei.

Der Ankläger Johann d'Estival übergab hierauf in Form

von Artikeln eine Anklage, zu deren Erweise er sich erbot.
Diese ward der Johanna französisch zu verdolmetschen beschlossen und sie bedeutet, daß sie sich Beistände wähle. Die Klage
ward dann vom Magister Thomas a Courcellis ihr vorge-
lesen und französisch erläutert.

XXI.
Die förmliche Anklage.

Die Anklage stellte sie als eine böse Zauberin, allen
schlimmen Künsten und dem Aberglauben ergeben, als Ver-
schwörerin, Gottesläjterin, Aufrührerin, dürstend nach Menschen-
blut, dar. Besonders warf ihr die Anklage vor, daß sie keck
gestrebt, das Volk zu verführen, daß sie sich die Autorität
Gottes und der Engel angemaßt und über alle christliche Gewalt erhoben, um die Menschen, wie die falschen Propheten,
zu Irrthümern zu verleiten (317 I. Quich.), daß sie sich oft
gerühmt, sie werde die Belagerung von Orleans aufheben und
den König zu Rheims krönen lassen, und daß sie sich zur Bekräftigung vieler Weissagungen bedient, die ihr angeblich durch
Eingebungen geworden.

Nicht minder wurde sie beschuldigt, auf den Rath böser
Geister ein Schwert zu Fierbois verborgen und dann, als ob
ihr solches durch Eingebung kund gethan, danach geschickt zu
haben. (Quich. I. 234.)

Ferner ward sie des Umgangs mit bösen Geistern und
der freventlichen Anmaßung beschuldigt, daß sie mit Gering-

schätzung der Autorität der ganzen Kirche habe darüber ent-
scheiden wollen, wer der rechtmäßige Papst sei, während sie auf
desfallsige Frage des Grafen Armagnac lediglich geschrieben,
daß sie jetzt mit dem Kriege zu sehr beschäftigt sei, aber später
antworten wolle. (Quich. I. 245—247.)

Ingleichen ward sie beschuldigt, daß sie durch ihre Ringe
verschiedene Personen zu heilen gestrebt (Quich. I, 237) und
über ihre angeblichen Erscheinungen keine nähere Auskunft
habe ertheilen wollen, selbst wenn man sie tödte und glieder-
weise zerstückele. (Quich. I. 248.)

Nicht minder ward sie beschuldigt, sich verwegen angemaßt zu haben, das Verborgene zu wissen, wie z. B. ihre
Verwundung bei Orleans. Zum Vorwurf ward ihr ferner
gemacht, daß sie keck behauptet habe, die Stimmen des Erz-
engels Michael und der Heiligen Gottes von denen der Menschen unterscheiden zu können. (Quich. I. 255.) Auch warf
man ihr vor, daß, obgleich sie von Jugend auf viel Sünd-
haftes begangen, sie doch versichert habe, daß Alles, was sie
gethan, von Seiten Gottes nach seinem Willen geschehen sei,
auf Eingebung der heiligen Engel und der heiligen Margaretha
und Katharina.

Besonders ward ihr noch zum Verbrechen gemacht, Paris
an einem Feiertage angegriffen und ein Pferd des Bischofs
von Senlis benutzt zu haben, obwohl jener Angriff wider ihren
Rath erfolgt und der Bischof für jenes Pferd eine Anweisung
von 200 Gulden erhalten hatte. Ferner ward ihr vorgeworfen,
daß sie behauptet habe, die Erzengel und Heiligen hätten französisch geredet, weil sie auf der Seite der Franzosen gestanden,

auch), daß die heilige Katharina nnd Margaretha ihr versprochen, sie in das Paradies zu führen, wenn sie die Jungfräulichkeit des Leibes und der Seele bewahre. (Quich. I. 220.)

Als Gotteslästerung ward es ihr angerechnet, daß sie bei
der Belagerung von Compiègne ihre Heiligen um Hilfe an-
gefleht und dabei klagend ausgerufen haben sollte: Wie wird
Gott die braven Einwohner so schmählich untergehen lassen?
(Quich. I. 271.)

Sehr zum Vorwurf ward es ihr gemacht, daß sie den
angeblichen Erscheinungen geglaubt, ohne zuvor Geistliche zu
fragen, ob sie dies dürfe, auch weltlichen Personen davon
Mittheilung gemacht und der Geistlichkeit sie zu verbergen
gestrebt. (Quich. I. 273.)

Endlich ward ihr vorgeworfen, daß sie durch ihre Er-
dichtungen dergestalt das katholische Volk verführt, daß Viele
sie wie eine Heilige angebetet, für sie Messen angeordnet, Bilder von ihr in Domen aufgestellt, auch Darstellungen von ihr
aus Metall machen lassen und öffentlich verkündet hätten, daß
sie eine Abgesandte Gottes, eher ein Engel als ein Weib und
größer sei als alle Heiligen nächst der Jungfrau Maria.

Man wiederholte ihr, daß ihre angeblichen Erscheinungen
nichts als Trugbilder ohne Wirklichkeit seien, sie aber entgegnete: solche möchten scheinbar oder wirklich sein, sie hätte
dieselben erprobt und sie wolle lieber ihren Kopf verlieren, als
sie verleugnen. Sie sei davon versichert, wie von ihrem Glauben an Jesus Christus.

Die Theologen erklärten diese Versicherungen für falsch,
beleidigend gegen Gott und eingeflößt vom Geist der Finster-

niß. Ja, man eröffnete ihr, daß man sie in die Kirche bringen müsse, wo sie verurtheilt werden würde als Ungläubige und Ketzerin.

XXII.

Johanna's Erkrankung. Die Bedrohung mit der Folter.

In Folge der vielen geistigen Martern und der rohen Behandlung wurde sie Ende April 1431 bedenklich krank an einem hitzigen Fieber. Das brachte große Verwirrung in das feindliche Lager, theils weil man fürchtete, es könne der Verdacht einer Vergiftung entstehen, theils weil man ihre förmliche Verurtheilung und Hinrichtung als Hexe wünschte.

Der Graf Warwick und der Kanzler Englands ließen sofort die berühmtesten Aerzte holen. Guillaume de la Chambre und Guillaume des Jardins erhielten den Befehl, sie zu behandeln.

„Der König von England", sagte der Graf, „hat sie theuer gekauft und wünscht, daß sie um nichts in der Welt anders sterbe, als durch die Justiz (et attend qu'elle soit bouillée) und — erwartet — daß sie verbrannt werde."

Die Aerzte wollten einen Aderlaß vornehmen, aber Warwick verbot solchen, wenigstens anfangs, weil er fürchtete, Johanna könne die Wunde zum Verbluten benutzen.

Die Kraft ihrer guten Natur, ihre Jugend und ein später gestatteter Aderlaß siegten über die Krankheit.

Die Furcht, das Schlachtopfer, dessen Gesundheit noch immer wankend war, doch vielleicht entrinnen zu lassen, bestimmte das Gericht, einen dritten Arzt herbeizurufen. Dieser, welcher durch Estival herbeigeführt ward, richtete verschiedene Fragen an sie. Dabei bemerkte sie unter Anderem, daß, nachdem sie von einem ihr durch den Bischof gesandten Karpfen gegessen, sie sich heftig erbrochen habe. Der erbärmliche Staats-Ankläger schrie ihr aber zu „Du lügst, Vettel, Du hast Heringe und andere Dir schädliche Sachen genossen."

Dieser einfache Vorgang könnte leicht auf den Gedanken leiten, daß es die Absicht gewesen sei, die Unglückliche entweder durch Feuer oder durch Gift zu tödten.

Ihre Krankheit war noch nicht gehoben, als der Bischof, begleitet von einigen Beisitzern, sich in gewohnter Heuchelei zu ihr in den Kerker begab, um sie, wie er sagte, liebevoll aufmerksam zu machen auf die Gefahr, welcher die Krankheit in die sie verfallen, sie aussetze.

Sie antwortete: „Wenn ich an meiner Krankheit sterben soll, so thue Gott nach seinem Wohlgefallen; ich möchte gern beichten, unsern Erlöser empfangen und in geweihter Erde begraben sein."

Cauchon meinte darauf, sie könne nur dann die Rechte einer Katholikin genießen, wenn sie sich der Kirche unterwerfe, womit er den vollständigen Widerruf aller ihrer in Bezug auf ihre Sendung aufgestellten Behauptungen meinte. Auch quälte er nebst Andern sie viel mit dem Unterschied zwischen der ecclesia militans und triumphans.

Sie erklärte wiederholt, sie möge nichts sagen und thun

wider den chriſtlichen Glauben; was aber ihre Worte und
Thaten betreffe, ſo vertraue ſie Gott. Er habe ſie thun laſſen,
was ſie gethan, und ihre Offenbarungen kämen von ihm ohne
andere Eingebung. Wäre ſie verdammt und der Holzſtoß
bereits angezündet, ja ſtände ſie mitten in den Flammen, ſo
würde ſie doch bis zum Tode bei ihrer Ausſage verharren und
ihrer Ueberzeugung treu bleiben.

Ein ſchändlicher Rath des Biſchofs hatte ſogar vor-
geſchlagen, die Unterwerfung durch die Tortur als zeitige
Medizin zu erlangen, aber dieſer Vorſchlag fand doch keinen
Eingang, weniger aber wohl aus Menſchlichkeit oder weil man
nach der Anſicht Einiger ſie ſchon für hinreichend überführt
hielt, als aus Furcht, daß das ohnehin noch ſchwache Schlachtopfer den Martern erliegen könne. Auch mochte die Beſorg-
niß mitwirken, ſie könne ihre Drohung wahr machen, dennoch
bei ihrer Ausſage zu beharren und laut zu erklären, daß ihr
Widerruf durch Gewalt erzwungen ſei. (Procès 400. 403.)
Angedroht jedoch ward ihr die Folter zu verſchiedenen Malen.

XXIII.

Die 70 Anklagepunkte und 12 Artikel. Wiederholte Er-mahnungen zum Widerruf und zur Unterwerfung unter die Kirche.

Als fortwährend von der Unterwerfung unter die Kirche
die Rede war, fragte die Heldin in ihrer kindlichen Unſchuld,
was denn die Kirche ſei.

Als man ihr entgegnete, daß man darunter die Vereinigung der Gläubigen unter der Führung des Papstes verstehe, sagte sie, daß sie stets gewünscht habe, dieser ihre Sache zu unterwerfen.

Im Ganzen wurden 70 Anklagepuncte gegen sie aufgestellt. Aus diesen und den Antworten Johanna's ließen sodann die Richter unter Zuziehung einiger Gelehrten 12 Artikel als gedrängte Auszüge ausarbeiten, welche verschiedenen im göttlichen und weltlichen Recht erfahrenen Doctoren mitgetheilt wurden, um sich darüber zu äußern, ob darin Einiges sei, was dem rechten Glauben, der heiligen Schrift, den canonischen Satzungen, den Bestimmungen der römischen Kirche oder der guten Sitte widerstreite.

Die 12 Artikel enthielten zwar zum Theil die Antworten Johanna's, aber aus dem Zusammenhange gerissen und in gehässiger Weise dargestellt, auch so, als sei factisch Alles wahr und zugestanden. Sechszehn Doctoren und sechs Licenciaten respondirten im April 1431 dahin, daß sie nach reiflicher Ueberlegung, angeblich nur Gott und die Wahrheit des Glaubens vor Augen, gefunden, daß in jenen Antworten viel Gottloses, Gotteslästerliches und Ketzerisches enthalten sei, die angeblichen Erscheinungen aber nur menschliche Erfindungen oder Eingebungen des bösen Geistes sein könnten. (I. 341. Quich.)

Verschiedene andere Geistliche, das Domcapitel zu Rouen und 11 Advocaten daselbst traten diesen Ansichten bei, und waren der Meinung, daß Johanna, wenn sie nicht abschwören wolle, der weltlichen Obrigkeit zur gerechten Strafe zu übergeben fei, wenn fie aber abfchwöre, zwar abfolvirt, jedoch bei Waffer und Brot eingefperrt werden müffe, um ihre Vergehungen zu bereuen.

Am 18. April 1431 begaben fich die Richter in den Kerker, um Johanna zum Widerruf zu ermahnen. Sie ward wiederholt nachdrücklich aufgefordert, ihre Worte und Thaten der ecclesia militans zu unterwerfen, weil fie fonft als eine Ketzerin und Ungläubige (Sarazenin) betrachtet werden müffe. Sie antwortete aber:

„Was mir auch gefchehen mag, ich kann nichts Anderes thun oder fagen, als was ich in der Unterfuchung gefagt habe. Ich bin als eine gute Chriftin getauft und hoffe als gute Chriftin zu fterben."

Mittwoch, den 2. Mai 1431 trug der Bifchof den verfammelten Richtern vor, daß eine Relation über die Handlungen und Ausfagen Johanna's vielen in der Theologie und dem geiftlichen fowohl, als menfchlichen Recht erfahrenen Männern mitgetheilt fei, um deren Rath zu hören. Obwohl fie nun danach vielfach fündhaft erfcheine, habe doch einer großen Anzahl gewiffenhafter Männer bedünken wollen, nochmals mit ganzer Kraft nach deren Bekehrung zu ftreben. Deshalb feien viele der gelehrteften Männer wiederholt zu ihr gefandt, aber bei der vorwiegenden Hinterlift des Teufels fei nichts auszurichten gewefen. Da nun jene private Ermahnung fruchtlos fich ergeben, fei es rathfam erfchienen, jenes Weibsbild nochmals in feierlicher Verfammlung zu ermahnen. Die Arglift des Bifchofs ging hierbei vorzüglich darauf aus, die Hartnäckigkeit Johanna's im grellsten Lichte erscheinen zu lassen, da er bei deren ihm bekannten festen Charakter überzeugt sein konnte, sie werde nicht widerrufen. Andererseits, wenn sie widerrief, mußte sie als Betrügerin erscheinen und die Kirche hatte scheinbar jedenfalls alle Milde erschöpft.

Zu dieser Ermahnung, bemerkte der Bischof ferner, sei besonders einer der gelehrtesten Männer, der Johann de Castiglione, erlesen, wenn aber sonst etwa Jemand zu ihrer Bekehrung etwas vorzubringen wisse, möge er ja nicht zurückhalten.

Johanna ward darauf herbeigeführt und vom Bischof ermahnt, zum Heil ihres Körpers und ihrer Seele zu beherzigen, was der Archidiaconus de Castiglione vorbringen werde (Quich. I. S. 385.) Als dieser sie im Allgemeinen ermahnte, sagte sie: Leset Eure Notizen, (die er in der Hand hielt), dann werd' ich antworten. Ich verlasse mich auf Gott, meinen Schöpfer, in allen Dingen, auf ihn, den ich von ganzem Herzen liebe." (Q. S. 385.)

Als der Archidiaconus de Castiglione ihre angeblichen Vergehungen ihr ausführlich vorgehalten und sie von ihm und anderen Geistlichen wiederholt ermahnt worden war, sich der Kirche zu unterwerfen, damit sie sich nicht der Strafe des Fegefeuers aussetze, erklärte sie: „Ihr werdet nicht so gegen mich verfahren, ohne daß es an Seele und Leib Euch übel bekomme. Ich will glauben, daß die Kirche nicht irren kann, aber ich unterwerfe alle meine Worte und Handlungen dem allmächtigen Gott, der mich geheißen hat, das zu thun, was ich vollbracht." (S. 393. a. a. O.)

Mittwoch, den 9. Mai 1431 wurde sie aufgefordert, über

einige Puncte, wo sie mit der Wahrheit zurückgehalten haben sollte, sich unverholen auszusprechen.

Zugleich ward sie abermals mit der Folter bedroht, die ihr im Thurm gezeigt wurde, wo die Henker bereit standen, solche anzuwenden. Sie antwortete:

„Wahrlich, wenn Ihr meine Glieder in Stücke zerreißen lasset, und meine Seele aus dem Körper treibt, so werde ich Euch doch nichts Anderes bekunden. Und wenn ich Euch Etwas darüber sagte, so würde ich hinterher immer erklären, daß Ihr durch Gewalt mich gezwungen, es zu sagen. Gott ist stets der Meister meiner Handlungen gewesen und wird mir helfen. Der Teufel hat nie Gewalt über mich gehabt."

Obgleich Nicol. Loyseleur, Aubertus Morelli u. A. jetzt entschieden für die wirkliche Anwendung der Tortur waren, wurde dennoch auch dieses Mal davon abgestanden, angeblich wieder, weil bei ihrer Hartnäckigkeit von der Folter kein Erfolg zu hoffen sei, in Wahrheit aber, wie schon gesagt, weil man fürchtete, daß sie den Qualen erliegen möge. (Quich. I. S. 402. 403.)

XXIV.

Die gegen Johanna eingeholten Gutachten. Die Ermahnung des Magisters Erard. Der erzwungene Widerruf.

Im weitern Verlauf der Untersuchung ließ der Bischof die auf seinen Betrieb beschafften, verdammenden Gutachten der Universität Paris, des Lichts der Wissenschaften, und der

Vertilgerin aller Irrthümer, sowie die Gutachten verschiedener
Gelehrten vorlesen. Dann forderte er die Ansicht der zusam-
mengerufenen Richter, nachdem Johanna nochmals zum Widerruf aufgefordert worden war, sie aber wiederholt erklärt hatte,
daß sie selbst im Angesicht des angezündeten Scheiterhaufens,
ja in den Flammen, nichts Andres sagen könne.

Am 24. Mai, Donnerstag, im Jahre 1431 versammelten
sich darauf die Richter am frühen Morgen bei der Abtei des
heiligen Andoenus zu Rouen. Johanna erschien vor denselben
auf einem Gerüst oder Tribüne (in scafaldo seu ambone).
Dort sollte der gelehrte Magister Guilelmus Erard die Anklage-Artikel ihr vorlesen und zuvor eine Ansprache an sie und
an das zahlreich versammelte Volk halten, wenn sie dann aber
nicht widerriefe, sofort das Urtheil gesprochen werden. Er
redete über Joh. 15 und darüber, daß alle Katholiken am
wahren Weinstock der heiligen Mutterkirche bleiben müßten,
während Johanna sich durch grobe Verbrechen davon getrennt.
Eine vom Stamme abgefallene Rebe könne keine Früchte
bringen. Er häufte die schändlichsten Schmähungen. Johanna
hörte sie mit ruhigster Ergebung; als er jedoch fortfuhr: „Ich
meine Dich, Du abscheuliches, mit jeder Schmach beflecktes
Weibsbild, denn durch Dich ist die französische Geistlichkeit
verführt und Dein König ein Ketzer geworden!" da fuhr sie
voll edler Begeisterung empor und betheuerte, daß der König
der redlichste Christ, und keineswegs der Ketzerei ergeben sei, ja
sie hielt ihm eine feierliche Lobrede, aber man gebot ihr auf
den zornigen Befehl des Bischofs Schweigen.

Erard las nun die Anklage-Artikel rasch vor mit dem

Eingang: „Du haſt geſagt." Dann forderte er ſie auf, ihre Irrthümer abzuſchwören, wenn ſie nicht in dieſer Welt verbrannt, und in der andern verdammt werden wolle. Zugleich verlangte er von ihr die Unterzeichnung einer kleinen Schrift. Als der Gerichts-Vollzieher Maſſieu ihr die Abſchwörungs-Formel vorlas, ſagte ſie: „Ich verſtehe nicht vollkommen den Sinn." Da nun jener voll Mitleid ihr rieth, ſich der allgemeinen Kirche zu unterwerfen und inſtändig mit Vielen ſie bat: „Ach, Johanna, willſt Du Dich denn ſelbſt zum Tode bringen?" erklärte ſie: „Wohl, ich unterwerfe mich der Kirche, ſie möge entſcheiden, ob ich abſchwören ſoll, oder nicht!" Da rief Erard wüthend: „Du wirſt dieſes ſofort unterzeichnen und abſchwören, oder heute noch verbrannt werden als Zauberin!" Die Formel von etwa acht Zeilen enthielt namentlich das Verſprechen, keine Mannskleider mehr zu tragen und das Haar wachſen zu laſſen. Während Erard die Jungfrau noch beſtürmte, erhoben die Engländer aus Furcht, das Opfer könne ihnen entgehen, wenn die Abſchwörung erfolge, einen heftigen Tumult. Sie ſchmähten den Biſchof von Beauvais als einen Verräther, ja ſelbſt ein engliſcher Doctor der Theologie machte dem Biſchof Vorwürfe, daß er Johanna zur Abſchwörung verſtatte. (cf. Zeugniß des Guilelm de Deſerts S. 338. Qu. II.)

Inzwiſchen appellirte Johanna mit ruhiger Faſſung und Würde wegen Unterzeichnung des Zettels wiederholt an die Geiſtlichkeit und die allgemeine Kirche. Dagegen bedrohte ſie der wüthende Erard von neuem voll Grimm mit dem

Scheiterhaufen. Und diese Drohung erschien um so gefähr-
licher, als in der That ein großer Scheiterhaufen sammt dem
Henker ganz in der Nähe war, welcher letztere sogar ihr
gegenüber mit einem vierspännigen Wagen hielt, um sie dorthin zu fahren. (Qu. 275. I.)

Darauf brach sie, erschöpft von Krankheit und dem fortgesetzten Verhör, gefoltert von Angst und gebeugt von den
schrecklichen Drohungen, gleichsam in sich zusammen. Und so
unterzeichnete sie, die so oft die französischen Kriegsschaaren
durch ihren Muth mit sich fortgerissen, sich selbst überlassen,
niedergeschmettert und besiegt, mit einem Kreuz eine Schrift,
die sie nicht kannte, deren angebliche französische Abschrift aber
Qu. S. 447 mitgetheilt. Dabei sagte sie mit tiefem Schmerz:
„So will ich denn lieber unterzeichnen, als verbrannt werden."

Höchst wahrscheinlich ist es, daß auch mit dieser Abschwörungsformel ein Betrug verübt ist. Es ist nämlich behauptet und von einem Zeugen bestätigt, daß der englische
Geheimschreiber Laurent Callot, welcher ihr bei der Unter-
zeichnung die Hand führte, eine längere im Aermel versteckte
Formel untergeschoben habe. Es ist solcher Betrug um so
wahrscheinlicher, da die vorgelesene Formel nur sehr kurz gewesen sein soll, die aber, welche man später als solche vor-
brachte, sehr lang war, und alle die Beschuldigungen der
12 Artikel enthielt, die als erwiesen aufgeführt wurden*). Die
kürzere Schrift besagte nur, daß sie anerkenne, vielfach gegen

---

*) Averdy 115. Quich. Proc. II. 429. 445. v. Raumer S. 483.
Charm. IV. 134.

die Gesetze der Kirche gefrevelt, ihre Erscheinungen vorgespiegelt, Mannskleider getragen und das Waffenwerk als ihren Beruf getrieben zu haben. (Quich. Aperçus 133.) Diese Formel, ihr vorgesagt, sprach sie laut nach, vor versammeltem Volk auf der erhöhten Tribüne, in Gegenwart des Erard und der zahlreich gegenwärtigen Richter und Ritter.

Wenn nach einer andern Aussage Callot nicht auf der Estrade gewesen, sondern unter einem Haufen von Engländern Lärm gemacht haben soll, weil der Henker nicht gleich sein Amt erfüllte, und wenn manche deshalb jene Thatsache für unwahrscheinlich halten, so ist zu bedenken, daß Callot füglich nach vollbrachtem Bubenstück die Estrade verlassen haben kann, um die Sache zu beschleunigen.

Quichérat hält solche Unterschiebung für unwahrscheinlich, weil man so groben Betrug wohl schwerlich gewagt habe, aber auch des ehrlichen Massieu Aussage bestätigt den Betrug, denn er bekundet, daß das, was sie unterschrieben, kaum acht Zeilen umfaßt habe, nachher aber seien es drei Seiten gewesen, auch habe jene Formel angefangen: „Ich Johanna," während die längere anhebt: „Jeder, welcher".

Auch soll nach Aussage mehrerer Zeugen gerade Callot es gewesen sein, welcher nächst Erard sie besonders zur Unter-zeichnung gedrängt hat, als sie erklärte, daß sie weder lesen noch schreiben könne, und endlich der brave Massieu in seinem wohlgemeinten Eifer ihr eine Feder in die Hand gab. Ja, die Zeugen versichern, daß Callot, als er gesehen, daß sie statt des Namens oder Kreuzes eine Null unter die Formel gesetzt, damit nicht zufrieden gewesen sei, sondern ihre Hand ergriffen habe, um diese zur Beifügung eines Kreuzes zu führen.

Aus der beigefügten Null läßt sich allenfalls erklären, daß sie, wie der unverdächtige Zeuge Mouchon bekundet, bei ihrer Unterschrift gelächelt haben soll. Möglich nämlich, daß sie in ihrer Schlauheit vielleicht dachte, durch die Null gerade die Nichtigkeit des Unterzeichneten dargelegt zu haben (Quich. I. 288), zumal sie in der letzten Zeit sich eingeübt, die Unterschrift „Johanna" zu malen (Quich. aperçus S. 137), und sonst gewöhnlich noch ihrer Unterschrift zur Bekräftigung die Namen „Jesus Maria" mit einem Kreuz beizufügen pflegte, (S. 83. Quich. Proc. de cond. I.), weil dies, wie sie sagte, die Geistlichen thäten. (S. 180 ibid.)

———————

XXV.

Johanna's Verurtheilung, deren Folgen, und ihre angebliche Rückfälligkeit.

Nachdem der Widerruf und die Abschwörungsformel vom Bischof entgegengenommen war, erließ er das schon bereit gehaltene Urtheil. Dieses erklärte Johanna schuldig, schwer gesündigt zu haben durch Erdichtung göttlicher Erscheinungen und Eingebungen, durch Lästerung Gottes und der Heiligen, Verachtung desselben in seinen Sacramenten, Erregung von Aufruhr und vielfacher Abtrünnigkeit von den Lehren der katho-

lischen Kirche. Zugleich sprach dasselbe, in Betracht
des reuigen Abschwörens, die Jungfrau von der Ex-
communication los, verurtheilte sie jedoch zur
Vollbringung einer heilsamen Buße, weil sie gegen
Gott und die heilige Kirche schwer gefehlt, ihre Vergehen bei Wasser und Brot **in ewigem Gefängniß** zu
beweinen. (Qu. I. S. 452.)

Als die Nachricht sich verbreitete, daß sie widerrufen habe
und nun nicht verbrannt werde, flogen Steine, wahrscheinlich
aus den Händen ergrimmter Engländer, auf die Richter, denn
die Bürger von Rouen und die meisten Franzosen waren über
den Ausgang insofern erfreut, als wenigstens das Leben der
Heldin erhalten war. Ja, der Bischof und mehrere Richter
wurden von den englischen Kriegsleuten bedroht, welche schrieen,
das Geld des Königs sei an sie verschwendet. Auch Warwick
brach in lebhafte Vorwürfe aus, aber einer der Richter sagte:
„Nur Geduld, wir werden sie bald wieder haben." (Quich I.
S. 293.)

Ermahnt, die Gnade zu erkennen, welche ihr erwiesen sei,
und nun sofort weibliche Kleider anzulegen, auch nie wieder in
die alten Irrthümer zu fallen, war sie sogleich zum Wechsel
des Anzugs bereit, und gelobte, in allen Puncten den Dienern
der Kirche zu gehorchen. (Quich. a. a. O. I. 453.)

Sie ließ sich nun gefallen, daß man ihr wieder weibliche
Kleider anlege, und bat wiederholt nur, daß man sie in ein
geistliches Gefängniß sende und ihr Frauen zu Wächtern gebe,
aber auf Befehl des Bischofs ward sie in das alte Gefängniß
zurückgeführt, nicht aber, wie ihr Erard fest versprochen, einem

geiſtlichen Gefängniß überwieſen Da ſie ſah, wie ſchlecht man
ihr Wort hielt, und wie empörend ſie behandelt ward, bereute
ſie die Kleinmüthigkeit und den erfolgten Widerruf. Sie
klagte ſich ſelbſt an und meinte, daß ihre Schutzgeiſter den
Widerruf gemißbilligt hätten und- ſie ſich ſelbſt verdammen
müßte, wenn ſie erkläre, daß Gott ſie nicht geſendet hätte.
Was ſie geſagt, ſei aus Furcht vor dem Feuertode geſchehen.
(Quich. Pr. II. S. 457. 458. v. R. 485.)

Die engliſchen Wächter verhöhnten ſie wegen ihrer Klagen,
ja ſie banden ſie auf ihrem Bette feſt.

Als ſie flehentlich bat, ſie loszubinden, damit ſie aufſtehen,
ſich ankleiden und in dringender Noth das Gemach verlaſſen
könne, nahmen ſie ihr die Frauenkleider weg und warfen die
Manns-Anzüge ihr zu, welche ſie früher getragen. Als ſie
ſagte, daß ſie ja wüßten, daß ihr dieſe Kleidung verboten ſei,
antworteten die rohen Söldner mit den gemeinſten Reden.

Außer Stande, länger im Bett zu verweilen, blieb der
Gequälten nichts übrig, als auf's neue die Männerkleider anzulegen. Sie war dazu unſomehr gezwungen, als zugleich
ihre rohen Wächter, ohne Zweifel veranlaßt durch ihre wüthenden Feinde, ſich nicht entblödeten, die ſchändlichſten Angriffe
voll Schamloſigkeit auf ſie zu machen. (Averdy 439. Procès 455. Boucher 48. Charm. IV. 167. 171.)

Alle Klagen bei ihrem Beichtvater und dem Biſchof waren
fruchtlos, denn die Engländer, an ihrer Spitze der Graf Warwick, Statthalter des jungen Königs Heinrich VI., hatten ihren
Untergang beſchloſſen. Dieſer, Richard Beauchamp, Graf
von Warwick, ein hartherziger Menſch, von unbeugſamer Politik,

scheint die vorzüglichste Triebfeder des Todes der Unglücklichen gewesen zu sein, zumal er aus seinen Mitteln einen Theil der Kosten des Gerichts hergegeben. So sagt wenigstens Quich. II. S. 9. — Indessen handelte er wol nur auf Betrieb des englischen Gouvernements und dieses gab unstreitig die Kosten her, wie aus seinen eigenen Aeußerungen erhellt.

XXVI.

Neue Untersuchung, wegen der angeblichen Rückfälligkeit.

Kaum hatte Johanna wieder männliche Kleidung angelegt, als das Gerücht davon sich durch die Stadt verbreitete. Sonntag, den 27. Mai, am Fest der Dreieinigkeit, zeigte der Bischof von Beauvais den versammelten Richtern an, Johanna habe die weibliche Kleidung wieder mit Mannskleidern vertauscht, und forderte sie auf, sich in der Burg zu überzeugen. Schon Montag, den 28. Mai begaben sich mehrere der Richter, namentlich Nic. de Vendères, Nic. Bertins, Joh. Gres u. A. in das Gefängniß Johanna's, angeblich um sich über ihr Benehmen zu unterrichten, wurden aber von bewaffneten Engländern zurückgetrieben. Als der Bischof ihnen Eingang verschaffte, fanden sie Johanna ganz verweint und verstört. Nachdem sie alle sich davon überzeugt und die Thatsache festgestellt hatten, daß sie auf's neue Mannskleider angelegt und ihren Widerruf zurücknehme, sagte der Bischof den gerade anwesenden Engländern, namentlich dem Grafen Warwick, beim Heraus=

gehen. Fare well! Adieu! il est fait! Faites bonne chère.
(Jetzt lebt wohl. Es ist geschehen. Gesegnete Mahlzeit.)

Am andern Morgen, Dienstag, den 29. Mai 1431, ließ
der Bischof in der Kapelle des erzbischöflichen Palastes zu
Rouen die mehrfach erwähnten geistlichen und weltlichen Herren,
vornehmlich die fügsamsten, auch einige ergänzende, darunter
sogar auch Mediziner, zusammenrufen und trug ihnen den
Verlauf der Sache nochmals vor. Namentlich wies er sie auf
den von Johanna selbst unterschriebenen Widerruf hin (S. 461)
und hob hervor, daß sie dennoch in ihre alten Irrthümer zurückgefallen, auch des Versprechens ungeachtet wieder Mannskleider angelegt.

Die um Rath gebetenen Herren, namentlich Nicolas
de Vendères, an der Spitze, waren der Meinung, daß sie als
Rückfällige und Ketzerin den weltlichen Gerichten zu überliefern
sei. (Qu. I. S. 463.)

Nach Anhörung der einzelnen Meinungen, welche unter
Nennung der Namen bei der Untersuchung aufgeführt sind,
war die Mehrzahl dafür, daß Johanna allerdings als Rückfällige und Ketzerin zu betrachten, die Auslieferung derselben
an das weltliche Gericht aber ganz den beiden Ober-Richtern
zu überlassen sei. (S. 313. II. Fouqué.)

Die beiden Oberrichter, statt einen förmlichen Spruch zu
fällen, der ihnen alles Gehässige allein aufgebürdet hätte, be-
dankten sich für ertheilten Rath und beschlossen nun die Richter,
daß gegen Johanna als gegen eine Rückfällige, wie sie sich
ausdrückten, nach Recht und Vernunft zu verfahren (Quich.
S. 467.) und sie zum nächsten Tage vorzuladen sei.

Demgemäß ward Johanna auf den folgenden Tag, den vorletzten im Monat Mai 1431, und den letzten des Processes, durch eine förmliche Einladung auf Morgens 8 Uhr nach dem alten Markt zu Rouen vorgeladen, um zu hören, wie sie, als in ihre Irrthümer gegen den Glauben, die sie abgeschworen, zurückgefallen, excommunicirt und für ketzerisch erklärt werden solle.

Wahrscheinlich war indessen in der Nacht das Gewissen des Bischofs etwas erwacht, denn er schickte am nächsten Morgen ganz früh den Bruder Martin l'Advenu, einen milden Beschützer Johanna's, zu ihr, um sie zum Tode vorzubereiten, und ihre Beichte zu empfangen, was um so mehr auffallen muß, da er sie doch als Ketzerin ansah. (Fouqué 315.)

Als l'Advenu, begleitet vom Bruder Toutmouillé und Jean Massieu, der Unglücklichen ihren nahen Tod und dessen Art verkündete, entsetzte sie sich, und rief laut jammernd, ihr Haar raufend: „Weh, so grausam will man mit mir verfahren, daß mein jungfräulicher reiner Leib, welcher nie befleckt ist, heute in Asche zerfallen soll? O, lieber will ich mich zehn Mal enthaupten, als ein Mal verbrennen lassen! Ach, wär' ich im geistlichen Gefängniß gewesen, welchem ich mich unterworfen hatte, und hätten mich Diener der Kirche bewacht, so wäre ich nie in solches Elend gerathen. Ich appellire an Gott, den großen Richter, daß er solchen Wortbruch nicht zulasse." Zugleich beklagte sie sich bitter über die Unsittlichkeit der Wächter und Engländer. (Fouqué 315.)

Dem wackern l'Advenu gelang es bald, die sonst stets so muthige Jungfrau zu der ihr immer eignen Fassung und

Hoffnung zurückzuführen. Viel trug dazu bei, daß er ihr nach Rückfrage bei dem Bischof die Zusicherung gab, nach gehörter Beichte ihr das heilige Abendmahl reichen zu wollen. Sie war gern zur Beichte bereit, von welcher Pater von Morice später sagte, daß er sie nie so herrlich gehört, und es ließ sodann der Pater l'Advenu die Monstranz holen, ja er ruhte nicht, als bis auch, dem kirchlichen Gebrauche gemäß, diese, von vielen Lichtern umstrahlt, ihm gebracht ward unter feierlichem Kirchengesang, auch ihm sein heiliges Gewand, die Stola, angelegt worden.

Er selbst sang dazwischen mit kräftiger Stimme: „Betet für sie!“ Sie empfing unter heißen Thränen in tiefster Bewegung das heilige Mahl. (v. Fouqué 317.)

Als der Bischof hiernächst mit dem Grafen Warwick und einigen anderen Herren zu ihr in's Gefängniß trat, sagte sie: „Bischof, ich sterbe durch Euch.“ Er entgegnete aber heftig: „Fasse Dich, nicht durch mich, sondern durch Deinen Rückfall, denn Du hast Dein Versprechen nicht gehalten, sondern bist zu Deinen frühern Freveln zurückgekehrt.“ Aber Johanna erwiderte: „Ach, hättet Ihr mich der Obhut verständiger Wächter in einem geistlichen Gefängniß übergeben, so wäre das Alles nicht geschehen. Ich rufe von Euch zu Gott, dem Rächer alles Unrechts, das Ihr an mir verübt!“ (Charm. IV. 222. v. R. 486. v. Fouqué 317.) Zugleich beklagte sie sich wiederholt, daß selbst ein vornehmer Engländer sich nicht entblödet habe, gewaltthätige Angriffe auf sie zu machen. Darüber beschwerte sie sich namentlich auch gegen ihren Beichtvater l'Advenu. (Q. II. 363.) Dabei aber versicherte sie, daß ihre Stimme ihr wieder tröstend zugeflüstert: „Verzage nicht, du wirst die Hilfe erlangen und durch einen großen Sieg befreit werden. Gräme dich nicht um dein Märtyrerthum, du wirst endlich eingehen in das Paradies!" (v. Raumer 486.)

Da wurde selbst der Pater Toutmouillé so mächtig von Rührung ergriffen, daß er unter Thränen davon eilte.

Um jene Zeit wurden gleichzeitig viele tapfere Franzosen, darunter alte Gefährten Johanna's, wie Poton von Xaintrailles, tief bewegt durch das Unglück der Jungfrau und sollen einen Sturm auf Rouen unternommen haben, um Johanna zu befreien. An der Spitze stand der Hirtenknabe Wilhelm, genannt der Hirt, der bald spurlos verschwand. Leider mißlang das Unternehmen und der edle Poton v. Xaintrailles kam als Gefangener statt als Befreier nach Rouen. Auch versichern Manche, daß damals Karl VII. wegen der Auslösung Johanna's unterhandelt habe, doch ist darüber nirgends Näheres zu finden. Andere behaupten vielmehr, er habe in seiner Schlaffheit und Schwäche gar nichts für die Unglückliche gethan.

Nicht unmöglich, daß Günstlinge, wie Raynold de Chartres, ihn zurückhielten, welche meinten, ihre Gefangennehmung sei ein Zeichen der göttlichen Gerechtigkeit, welche eine Hochmüthige habe züchtigen wollen.

Man reichte ihr nun wieder Frauenkleider, welche sie voll Ergebung und bereitwillig anlegte.

XXVII.

Johanna's letzter Gang und letzte Stunden. Ihr Feuertod.

Am andern Tage, den 30. Mai 1431, Morgens 9 Uhr, holte der wackere l'Advenu in Begleitung des mitleidigen Massieu sie ab, zu ihrem letzten, schweren Gange. Sie bestieg mit beiden Geistlichen einen vierspännigen Wagen. Auch Isambard de la Pierre, Dominikaner aus St. Rouen, stets ihr unerschrockener Vertheidiger, begleitete sie. Wohl 800 Bewaffnete bildeten die Hut des Wagens, aber durch die Schaaren der Krieger drängte sich Nicolaus l'Oyseleur, der vom Bischof früher zum Aushorchen bestellte Spion. Fast rasend machte er sich Platz, um zu Johanna zu gelangen, und flehte reuig ihre Verzeihung an. Johanna vergab ihm gern (Fouqué 319), aber die Engländer wollten ihn zerreißen. Nur mit Mühe rettete ihn Warwick vor der Wuth der Soldaten und befahl ihm, sofort die Stadt zu verlassen.

Man brachte nun Johanna — als eben die neunte Stunde geschlagen — nach dem alten Markt zu Rouen, wo in der Nähe der Kirche St. Salvator zwei Gerüste errichtet waren und sich außer vielen namhaften Geistlichen eine große Menge Volks versammelt hatte.

Dort wurde sie auf das kleinere Gerüst geführt.

Zuvörderst hielt der gelehrte Doctor der Theologie, Nicolaus Midi, zu ihrer nochmaligen Ermahnung und des Volkes

Erbauung eine heftige Ansprache, namentlich über Korinther XII., wo es heißt: „Wenn ein Glied leidet, leiden alle mit!" Schon bei den letzten Worten kniete Johanna nieder und betete inbrünstig. Mehrmals aber rief sie unter Thränen: „Rouen, Rouen, soll ich hier wirklich sterben?"

Besonders flehte sie den Erzengel Michael und die heilige Catharina um Beistand an. Lebhaft beschwur sie Gott um Gnade und bat Alle, welche sie etwa beleidigt haben könnte, in rührender Weise, ihr zu vergeben, wie auch sie alles ihr angethane Leid verzeihen wollte.

Viele, selbst rohe englische Kriegsleute, waren tief ergriffen. Sogar dem Cardinal Winchester sollen Thränen in die Augen getreten sein. Demnächst ermahnte sie der heuchlerische Bischof noch selbst, zu bereuen und sich der Kirche zu unterwerfen, auch auf die würdigen Geistlichen zu hören, welche er ihr als Bei-stände zugesellt. Sie erklärte darauf wiederholt, daß sie dem Papst und der Kirche sich unterwerfe, aber, wie zum Hohn hierauf und im grellsten Widerspruch mit ihrer demüthigen Unterwerfung, legte der Bischof dar, daß sie als rückfällig und jeder Gnade unwürdig zu betrachten sei, indem sie hartnäckig zu ihren Irrthümern zurückgekehrt und sich beharrlich als eine Ketzerin und Gotteslästerin erwiesen. Sodann verkündete er ihr die Sentenz dahin:

So oft das ketzerische Gift einem Gliede der Kirche beharrlich anhänge, sei dahin zu streben, daß die gefährliche Ansteckung nicht weiter schreite. Da nun Johanna vielfach in grobe Irrthümer der Ab-

trünnigkeit und Ketzerei, des Götzendienstes, der
Anrufung böser Geister verfallen, diese sodann abgeschworen und den Eid selbst unterzeichnet habe,
dann aber nach ihrem eigenen Geständniß beharrlich
dazu zurückgekehrt sei, so werde sie, wie ein faules
Glied, von der Kirche ausgeschlossen, für eine
Ketzerin erklärt und der **weltlichen Macht übergeben.**

Alles war nun gespannt auf den weitern Verlauf, aber
so viele Zeugen auch vernommen sind, so hat doch keiner
irgend eine Verurtheilung durch ein weltliches Gericht zu bekunden vermocht. Nur der Bischof von Beauvais
soll gesagt haben, als sie Gott rührend um Erbarmen und
Hilfe bat: „Die Kirche kann Dich nicht mehr vertheidigen.
Geh' hin in Frieden! Wir übergeben Dich der weltlichen Macht und bitten diese, ihr Urtheil nicht auf
Tod und Verstümmelung der Glieder zu richten."
(R. S. 487.)

L'Advenu, Jean Massieu, Isambert de la Pierre und Andere bekunden ausdrücklich, daß, so viele weltliche Richter auch
zugegen gewesen seien, doch keine Verurtheilung erfolgt sei.
Dagegen haben, nach dem Zeugniß des Priesters Jean Massieu,
einige Engländer, als Johanna in Klagen ausgebrochen sei
und er wenige tröstende Worte zu ihr gesprochen, zu ihm gesagt:

„Wie, Priester, willst Du, daß wir hier zu Mittag
speisen sollen?" Die Ungeduld der Engländer, ihre gefährlichste
Feindin vernichtet zu sehen, war zu groß, um den weltlichen
Richtern Zeit zu lassen, ein Verdammungs-Urtheil zu sprechen.
Nur der Maire von Rouen soll dem Scharfrichter zugerufen

haben, seine Pflicht zu thun. Darauf sollen, ohne alle weitere Verurtheilung, nach l'Advenu's Zeugniß (Qu. II. S. 8) zwei Gerichtsdiener sie gezwungen haben, von dem Gerüst herabzusteigen und soll sie von diesen zum Scheiterhaufen geführt, dort aber den Händen des Henkers übergeben sein*). Der Stellvertreter des Maires, Lorenz Guesdon, bestritt später, daß dieser den gedachten Befehl ertheilt. Er behauptete, daß man die weltliche Behörde gar nicht erst gefragt, sondern Johanna ohne Weiteres als Verurtheilte fortgeschleppt habe. Wie dem auch sei, in jedem Falle wurde Johanna dem Henker übergeben, ja man ließ ihr nicht Zeit, dahin zu gehen, sondern einige rohe englische Waffenknechte rissen die Unglückliche zum Scheiterhaufen hin. Jammernd rief sie:

"O Rouen, Rouen! So wirst du denn meine letzte Wohnung sein?"

Am Fuße des Scheiterhaufens setzte des Henkers rohe Hand auf ihr unschuldiges Haupt die schändende, für Ketzer bestimmte Mütze des Inquisitions-Gerichts mit der Inschrift "Ketzerin, Rückfällige, Abtrünnige, Götzendienerin."

Auf einer Tafel an dem Gerüst standen die Worte:

"Johanna, welche sich die Jungfrau nennen ließ, Lügnerin, Zauberin, Gotteslästerin, Betrügerin, Irrgläubige, Teufels-Anhängerin, Betrügerin, Schismatikerin (Abtrünnige) und Ketzerin."

Auch daraus, daß dies Alles schon bereit war, sieht man, daß ihr Flammentod längst vorher bestimmt worden.

---

*) Quich. a. a. O. II. S. 8.

Der edle l'Advenu wich auch jetzt noch nicht von der Seite des unglücklichen Mädchens. Er geleitete sie auf den Holzstoß. Da bat sie um ein Cruzifix. Ein mitleidiger Engländer machte ihr schnell, wie Massieu bekundet (S. 17. Qu. II.), ein einfaches Kreuz aus einem Stöckchen. Sie nahm es dankend, küßte es voll Demuth und steckte es in ihren Busen. Demnächst bat sie die nahe stehenden, ihr stets mitleidig ergebenen Priester Isambert de la Pierre und Massieu, wie diese gleichfalls selbst bekundet haben, ihr aus der Kirche ein Cruzifix zu holen, damit sie bis zu ihrem Tode den Gebenedeiten betrachten könne. Da jene ihren Platz nicht verlassen durften, bewirkten sie, daß der Pfarrer der Kirche zu St. Salvator ihr ein Cruzifix brachte. Dieses küßte sie lange, bis man sie an einen hölzernen Pfahl band, der aus dem Scheiterhaufen hervorragte. Auch dann bat sie l'Advenu noch, ihr das Cruzifix vorzuhalten, selbst als der Henker schon mit dem Feuerbrand den Holzstoß angezündet.

Da l'Advenu, voll Rührung sich selbst vergessend, dem Feuer zu nahe kam, warnte ihn Johanna und bat ihn, das Gerüst zu verlassen, weil die Flammen sonst über ihn zusammenschlügen.

Als das Feuer höher emporwirbelte, hörte man sie laut beten. Dann sprach sie. „O Rouen, ich fürchte, Du wirst wegen meines Todes viel zu leiden haben."

Viele Bürger murrten, selbst der Bischof von Boulogne konnte Aeußerungen seines tiefsten Schmerzes nicht unterdrücken. Sogar der stellvertretende Groß-Inquisitor konnte seine Erschütterung nicht verbergen. Nur einige fühllose und erbitterte Engländer gingen in ihrem National-Haß gegen die gefürchtete Feindin so weit, sich selbst durch ein rohes Gelächter zu brandmarken.

Dagegen schien sogar der Henker von Mitleid ergriffen und bemühte sich, ihre Todesqual möglichst abzukürzen. Bald umhüllten sie der Rauch und die Flammen. Sie bat um Weihwasser, rief den heiligen Michael an und sprach vom Paradiese. Ihr letztes Wort war: „Jesus!" Dann senkte sie ihr edles Haupt und ihre schöne Seele flog zum Himmel.

Darauf ward der Henker befehligt, das Feuer etwas auseinander zu reißen, um den verkohlten Leichnam der Jungfrau zu zeigen, damit das Volk sehe, daß sie wirklich verbrannt sei, wie ein anderes sterbliches Wesen. Dann wurde die Flamme wieder geschürt, damit der Körper ganz zu Asche verbrenne, aber das Herz und die Eingeweide wollten, wie wenigstens behauptet wird, nicht verkohlen. Diese sollen deshalb später auf Befehl des Cardinals von Winchester in die Seine geworfen sein. Es war nun erfüllt, was ihre Erscheinungen ihr verheißen: „Ein großer Sieg wird dich befreien. Zage nicht vor deinem Märtyrerthum, denn zuletzt wirst du daraus hervorgehen in das Königreich des Paradieses." (v. Fouqué S. 336.)

Es erhellt aus dieser Darstellung als ganz unzweifelhaft, daß die edle Jungfrau wirklich den Flammentod gestorben und jede andere Nachricht unwahr ist. So namentlich die angeblich selbst von einer Hellseherin bestätigte Sage, daß ein mitleidiger Engländer in dem Scheiterhaufen eine Versenkung angebracht habe, daß sie in diese hinabgestürzt, so gerettet und ihre Flucht nach ihrer Heimath ermöglicht sei, wo sie sich später verheurathet und lange in glücklicher Verborgenheit gelebt habe.

XXVIII.

Verschiedenartiger Eindruck ihres Todes. Untergang ihrer Verfolger.

Kaum war die gräßliche Vernichtung eines der hoch-
herzigsten Mädchen, welche die Geschichte kennt, vollbracht, so
wurden, wie glaubhafte Zeugen versichern, von vielen Seiten
Wehklagen und Reue laut. Mehrere Bürger von Rouen riefen
schluchzend, man habe eine Heilige verbrannt.

Joh. l'Epée, Stiftsherr zu Rouen, rief übermannt von
seinem Gefühl: „Käme meine Seele doch dahin, wo die Jungfrau ist!" Joh. Pressard, der Geheimschreiber des Königs von
England, sagte mit Thränen in den Augen: „Wir sind alle
verloren, denn wir haben eine Heilige verbrannt, deren Seele
bei Gott ist." Ein Engländer selbst meinte höchst naiv: Sie
wäre eine vortreffliche Frau gewesen, wenn sie eine Engländerin
gewesen wäre. Der Henker selbst kam voll Verzweiflung und
Reue ganz zerknirscht zu l'Advenu und Isambert de la Pierre,
sich anklagend, daß er bei Gott keine Verzeihung finden werde
wegen dessen, was er an dieser heiligen Jungfrau gethan.
(Qu. II. S. 7. Averd. 467. 468. Barante 11. 139.)
Ein englischer Krieger, welcher sie heftig gehaßt und geschworen
hatte, selbst Reisig anzulegen wenn sie verbrannt würde, war
durch ihre Worte und das Anrufen des Heilandes, selbst noch
in der Mitte der Flammen, so gerührt worden, daß er ganz
zerknirscht und wie wahnsinnig war. Um sich durch Trinken

zu betäuben, lief er in ein Gasthaus am alten Markt, allein er fand keine Ruhe und erklärte laut:

Er sei in großem Irrthum gewesen und es gereue ihn sehr, was er diesem edlen Mädchen gethan. Sie müsse eine Heilige sein, denn sie habe noch sterbend den Namen des Heilands gerufen und er habe, als sie ihren Geist ausgehaucht, eine weiße Taube aus den Flammen aufsteigen sehen. (Qu. II. 352.)

Nur wenige rohe Menschen verhehlten ihre Freude nicht über die endliche Vernichtung ihres Opfers. Einzelne jubelten, daß die Hexe keine Gewalt mehr üben könne, und waren froh, als ihr Herz, ihre Eingeweide und die Asche ihres Körpers in die Tiefe der Seine versenkt waren, damit kein Gegenstand der Verehrung mehr bleibe für ihre Anhänger.

Ein Schreiben, das der englische König an alle Kaiser, Könige, Fürsten und Cardinäle erließ, um sein Verfahren zu rechtfertigen, diente nur dazu, recht klar zu zeigen, wie große Wichtigkeit man der ganzen Erscheinung beigelegt, machte aber wenig Eindruck. Bald genug wurden dagegen so viele Stimmen über die Unschuld Johanna's von allen Seiten laut, daß die englische Regierung sich genöthigt sah, neue Ermittelungen zu veranlassen und ein bestätigendes Urtel zu erwirken. Aber Verachtung folgte den Richtern und vornehmlich dem heuchlerischen Bischof von Beauvais. Dieser sah sich zuletzt genöthigt, einen förmlichen Schutzbrief des Königs von England zu erbitten, allein noch in demselben Jahre verlor er seine Stelle und starb dann plötzlich zu Basel beim Haarschneiden. Gleich ihm schien auch viele Andere der Haupttheilnehmer an der

Opferung Johanna's schon auf Erden in wirklich auffallender Weise die Nemesis zu ereilen. L'Oiseleur, stets von Gewissensbissen gefoltert, starb plötzlich in einer Kirche und wunderbar genug gleichfalls zu Basel. Der Protonotar d'Estivet, einer der heftigsten Feinde Johanna's, soll sich [in seinem Teich ersäuft haben. Nicolas Midi wurde einige Tage nach der Todespredigt vom Aussatz befallen und starb an diesem. Der Cardinal Winchester verschied im Jahre 1447 unter vielen Schmerzen. Schon bei Einleitung des Revisions-Processes war der Stellvertreter des Groß-Inquisitors Le Maitre plötzlich verschwunden.

Von den schändlichen Richtern Johanna's verdienen Massieu und Jsambert rühmlichst geschieden zu werden. Der erstere hatte aus Menschlichkeit der Unglücklichen manche kleine Erleichterungen gewährt, der andere ihr einige Andeutungen gegeben über die Gefahr, welche ihr drohe. Beide hatten sich dadurch selbst für ihre Person großen Unannehmlichkeiten ausgesetzt. Als der brave Jsambert ihr rieth, sich auf das Concil zu Basel zu berufen, gebot der Bischof von Beauvais ihm grimmig Schweigen und verordnete, daß diese Berufung nicht in das Protocoll aufgenommen werde. Auch die Beisitzer Maguerie und Jean de la Fontaine verdienen rühmliche Erwähnung, da beide Muth genug hatten, sich des unglücklichen Schlachtopfers anzunehmen und jener die Theilnahme am Gericht ablehnte. La Fontaine, der sich zuletzt noch Johanna's angenommen, floh vor dem Zorne des ergrimmten Bischofs und der Engländer, denn ein englischer Ritter verfolgte sogar auf offener Straße einen Mann, der sich zu Gunsten Johanna's ausgesprochen, mit dem Schwerte.

Auch der wackere Jean de Castillon gehörte zu denen, welche sich muthig der Jungfrau annahmen, als er an die Stelle La Fontaine's trat, aber auch er wurde bald von dem wüthenden Bischof entfernt. Jene Männer verdienen um so mehr einer rühmlichen Erwähnung, als selbst die geringste Theilnahme für das unglückliche Schlachtopfer mit großer Gefahr bedroht war, wie schon daraus hervorgeht, daß sogar dem stellvertretenden Inquisitor auf Befehl des Grafen War-wick, weil er ihm nicht ganz traute, der Zutritt zu Johanna untersagt, mancher andere hochgestellte Mann aber, der Mit-leid für sie zeigte, sogar mit Ersäufung bedroht wurde.

XXIX.

Ueber das gegen die Jungfrau eingeleitete Verfahren.

Was nun die Verurtheilung der Unglücklichen betrifft, so war diese schon nach dem Völkerrecht nicht gerechtfertigt, denn so viel Schwankendes auch bei demselben besteht, so ist die Gewähr für das Leben der entwaffneten Gefangenen doch all-gemein angenommen bei allen gebildeten Völkern, und die Gesetze des Christenthums, verbunden mit denen der Ritterlich-keit, haben es ihnen gesichert. Deshalb bemühten sich auch Johanna's Gegner so sehr, sie nicht als gewöhnliche Kriegs-Gefangene, sondern als gemeine Verbrecherin und Hexe dar-zustellen.

Durch die einzige Thatsache ihres Unglücks, hätte sie,

wenn der Ingrimm und die Furcht vor ihrer mächtigen Ein-
wirkung nicht zu groß gewesen wären, Schutz erlangen sollen
gegen die Verletzungen der Parteien und der Eifersucht der
Völker.

Zahlreiche Beispiele aus dem Kriege, bei welchem Johanna
thätig war, beweisen, daß die Besiegten auch damals das
Recht erlangten, ausgewechselt oder gegen ein Lösegeld los-
gekauft zu werden. Der, welcher den Gefangenen in seiner
Gewalt hatte, durfte seine Auslösung verweigern, aber nicht
über ihn verfügen, ihn in die Sklaverei führen oder verkaufen.

Johanna war im Kampf gefangen, sie war entwaffnet,
und als Oberfeldherrin (Chef de guerre) in der Lage aller
anderen Gefangenen von Auszeichnung. Sie mußte daher
behandelt werden wie diese, und wenn man ihre Auslösung
verweigerte, Gefangene bleiben. Der König von Frankreich
kaufte den Talbot nicht, um ihn durch die verurtheilen zu
zu lassen, die er bekämpft hatte, als er bei der Schlacht von
Patny in die Hände der französischen Krieger fiel. Die Behandlung Johanna's ist daher eine so schmähliche Verletzung
des Völkerrechts, daß die Zeit diese Schmach nie wieder fort-
wischen kann.

Auch die Zuständigkeit des Gerichts ist den größten Zweifeln zu unterziehen; ebenso war die Wahl der Richter eine
höchst ungerechtfertigte, ganz abgesehen davon, daß Johanna
wenigstens von jeder Partei eine gleiche Anzahl verlangt hatte.

Die meisten der Richter wollten entweder sich eine gute
Stelle durch die Engländer verschaffen, oder hatten Furcht vor
den englischen Soldaten, und in der That waren, wie schon

gezeigt, die, welche Mitleid für das Schlachtopfer zeigten, sogar mit dem Tode bedroht.

Der Bischof selbst ermangelte nicht, seinerseits häufig ein Gleiches zu thun. Viele der Richter hatten überdies nicht allen Sitzungen beigewohnt und kannten nicht den ganzen Zusammenhang.

Aber auch alle Beschuldigungen, selbst ihre Richtigkeit vorausgesetzt, rechtfertigten natürlich die Verurtheilung nicht.

Die erste Anschuldigung betraf die von der Angeklagten gemachten Behauptungen über die Eingebungen, Offenbarungen und Erscheinungen der Engel der heiligen Katharina und heiligen Margaretha, welche die Geistlichen der Universität zu Paris und die Richter für betrügerisch und gefährlich, ja für Eingebungen des Geistes der Finsterniß erklärten, ohne zu bedenken, daß sie mit gleichem Recht viele Heilige verdammen mußten, welche ähnliche Erscheinungen gehabt zu haben versicherten.

Der zweite Anklagepunct verdammte Alles, was Johanna über die dem König Karl VII. verliehene Krone gesagt hatte, als unwahrscheinlich, lügenhaft und verletzend für die Würde der Engel. Man begreift aber in keinem Fall, worin sie hierbei gegen den katholischen Glauben verstieß. Was in den Augen der Engländer verdammenswerth erschien, das war, daß sie beim Volke die Meinung von der Rechtmäßigkeit Karls befestigt hatte.

Ferner wurden ihre Weissagungen für abergläubisch, eitel und trügerisch erklärt. Nicht minder wurde ihr vorgeworfen, daß sie durch das Tragen von Mannskleidern Gott gelästert, die Sacramente der Kirche verletzt, das göttliche Recht und die canonischen Satzungen überschritten und eben dadurch sich der Ketzerei schuldig gemacht habe, indem sie solchergestalt die Tracht (costume) der Ketzer nachgeahmt. Gerade über diesen Punct, so schwach er auch ist, waren, um ihn zu verdecken, eine Menge Einzelheiten angeführt. Zugleich war hervorgehoben, mit welcher Hartnäckigkeit sie diese Tracht beibehalten habe, obwohl die Richter sehr gut wußten, daß sie dieselbe nur angelegt aus Schamhaftigkeit und um sich gegen die Angriffe der schändlichen Wächter und eines vornehmen Engländers zu schützen, der die Gemeinheit gehabt, die in Eisen geschmiedete Unglückliche zu schlagen, als sie seinem Gelüst nicht fröhnen wollte. Wo übrigens hat man Frauen zum Scheiterhaufen verdammt, weil sie Männerkleider getragen? Aber gerade diesen Umstand hat der Bischof ganz besonders gegen sie zu ihrer Verurtheilung geltend gemacht.

Ferner wurden ihr die Briefe, in welchen sie die Engländer dringend aufforderte, in ihre Heimath zurückzukehren, wunderbarer Weise als Zeugnisse des Verraths und der Grausamkeit vorgeworfen.

Ebenso wurde ihr zum Verbrechen angerechnet, daß sie das väterliche Haus verlassen habe, obwohl ihr Oheim sie nach Vaucouleurs und einer ihrer Brüder sie zum Heere begleitet, auch ihr Vater durch sein Erscheinen in Rheims, um ihrem Triumph beizuwohnen, hinreichend seine Verzeihung zu erkennen gegeben hatte.

Ferner ward ihr vorgeworfen, daß sie, indem sie, um aus dem Kerker zu Beaurevoir zu entweichen, sich von dem

Thurme herabgestürzt, an der Gnade Gottes gezweifelt und sich des versuchten Selbstmordes schuldig gemacht, obwohl sie mit Recht sagte, daß jeder Gefangene, welcher nicht durch sein Wort gebunden sei, das Recht habe, nach seiner Freiheit zu streben.

Ferner wurde sie angeklagt, den Glauben freventlich verletzt zu haben, indem sie sich der Lüge schuldig gemacht, weil sie gesagt, daß, wenn sie ihre Jungfräulichkeit bewahre, ihre heiligen Beschützerinnen sie in das Paradies führen, diese sie aber nicht mehr besuchen würden, wenn sie sich menschlicher Sünde theilhaft mache.

Ebenfalls einer Verletzung des katholischen Glaubens und eines groben Irrthums, ja einer Gotteslästerung sollte sie sich dadurch schuldig gemacht haben, daß sie gesagt, ihre Heiligen und Gott liebten gewisse Personen mehr als andere und daß ihre Beschützerinnen die Burgunder nicht liebten.

Ferner wurde sie angeklagt, gesagt zu haben, daß ihre heiligen Erscheinungen von Gott kämen, und daß sie daran so fest glaube, wie an die christliche Lehre.

Endlich wurde sie für eine Abtrünnige und Ketzerin erklärt, weil sie verweigert habe, der Kirche zu gehorchen, wenn diese ihr etwas befehlen sollte, was den Eingebungen entgegen sei, die sie von Gott empfangen, obwohl sie sich der Kirche unterworfen, indem sie auf den Papst zurückgegangen war. Ihr ganzes bisher geschildertes Leben, ihre Antworten in der Untersuchung und die durch viele Zeugen festgestellten Thatsachen widerlegen besser, als die weitläufigsten Ausführungen, diese aus der Luft gegriffenen Anschuldigungen.

Sie war ebenso edel und keusch, als mäßig und einfach. Viele der besten und höchsten Frauen überzeugten sich, wie die Herzogin von Bedford, von ihrer jungfräulichen Reinheit und thaten Alles, um sie zu retten.

Mehrere vornehme Herren, welche den Versuch hatten machen wollen, ihrer fleischlichen Lust bei ihr zu fröhnen, ließen jeden sündlichen Gedanken schwinden, als sie dieselben mit ihren klaren unschuldvollen Augen ansah. Der Zauber ihrer Unschuld legte ihren Begierden Fesseln auf. (Chronique 341.) Ihr Herz war stets schuldlos und ihr wahrhaft reiner christlicher Sinn über jeden Zweifel erhaben.

So wird sie leuchten bis in die späteste Zeit als einer der hellsten und klarsten Sterne in den Büchern der Geschichte, als ein Musterbild der Vaterlandsliebe, der edelsten Begeisterung und der unbeflecktesten Reinheit eines wahrhaft jungfräulichen Gemüths.

XXX.

Einleitungen zur Rechtfertigung Johanna's.

Nachdem einige Jahre seit Johanna's Tode vergangen waren, wagten es mehrere gelehrte Männer, muthvoll zur Vertheidigung ihrer Unschuld öffentlich aufzutreten. So namentlich der ebenso edle, als berühmte Theologe Guillaume Bouillé. Da faßten endlich auch die Mutter und die Brüder Johanna's, die Wittwe Isabelle Darc und die Gebrüder Johanna's und

Petrus Darc, den Muth, zur Ehrenrettung der theuern Geopferten, sich an den gutmüthigen, aber schwachen König Karl VII. und an den Papst zu wenden. Auf Befehl des Königs wurden hiernächst mehrere gelehrte Männer zu ihrer gutachtlichen Aeußerung aufgefordert. Diese sprachen in der That sich für die Nichtigkeit des ganzen früheren Verfahrens aus. Hierauf gestützt, gelang es den gedachten Angehörigen Johanna's endlich, unter Zustimmung des Papstes Calixt III. und des Erzbischofs Jean Touvenel des Ursins von Rheims, die Einleitung einer förmlichen Untersuchung, eines sogenannten Rehabilitations-Processes, zu erwirken. Der Papst war nur schwer zur Genehmigung bewogen worden, weil er ein neues Urtheil als einen Spruch der Kirche über sich selbst ansah; er hatte aber nachgegeben, weil Karl VII. behauptete, daß es sich um die Herstellung seiner eigenen Ehre handle, welche durch die Verurtheilung der Jungfrau verletzt sei. Nach erfolgter Zustimmung des Papstes beauftragte der König nun den gedachten geistlichen Rath und Doctor der Theologie, den berühmten Guillaume Bouillé, mit der Untersuchung, gerade diesen Mann ohne Zweifel deshalb, weil er in seinen Schriften sich so lebhaft zu Gunsten Johanna's ausgesprochen hatte und weil er als Theologe in vorzüglichem Ruf stand. Er erließ unter'm 15. Februar 1449 aus Rouen einen Befehl an ihn, worin es heißt:

„daß, da die Jungfrau Johanna durch seine Feinde, die Engländer, gefangen, und durch ein ungerechtes Verfahren zum Tode verurtheilt sei, er aber die Wahr- heit über diesen Proceß ermitteln wolle, er ihm volle

Macht gebe, alles Mögliche darüber zu erforschen und
ihm und seinem großen Rathe mitzutheilen."

Bouillé ging mit Eifer an das Werk, aber erst unter'm
7. November 1455 war die Sache soweit gediehen, daß die
Wittwe Darc mit ihrem Sohne Pierre, in Gegenwart des
Erzbischofs von Rheims, des Bischofs Wilhelm von Paris
und des Inquisitors Johann Brehal die Bulle des heiligen
Vaters in feierlicher Versammlung in der „ehrwürdigen Kirche
zu Paris" vorlegen konnte. Sie bat dabei unter vielen Thränen,
daß die schändliche Untersuchung, in Folge deren ihre Tochter
Johanna ohne Urtheil und Recht als Ketzerin verbrannt worden, einer sorgfältigen Prüfung unterworfen werde. Jene
Herren zogen sich mit der Wittwe nach der Sacristei zurück
und ließen ihr, nach gründlicher Prüfung, besonders auch der
Bulle, durch den Erzbischof von Rheims eröffnen, daß sie voll
Theilnahme ihr Gesuch vernommen, und die Sache sorgsam
prüfen würden.

Hiernächst wurden die Vernehmungen der Zeugen angeordnet, auch Bevollmächtigte für die Wittwe und Gebrüder
Darc, ingleichen Notare zur amtlichen Feststellung der Proto-
kolle ernannt. Diese veranlaßten nun, wie es ausdrücklich
heißt, zur klaren Darlegung der Ungerechtigkeit und Nichtigkeit
der früheren Procedur, in der Heimath Johanna's, auch zu Rouen,
Paris, Orleans und an andern Orten genaue Ermittelungen,
und zwar um so mehr, weil man früher alles entstellt und
durch verfängliche Fragen die Jungfrau in die Enge getrieben
habe. (Quich. II. S. 70.) Zur Vernehmung der Zeugen
wurden sodann über 100 Artikel aufgestellt.

Zunächst forschten die Commissarien nach den Verhandlungen über die Ermittelungen, welche der Voruntersuchung zu-
folge in der Heimath der Jungfrau vorgenommen worden, aber
alle Nachforschungen nach denselben blieben vergebens. Nur
ein Kaufmann, Jean Moreau aus Rouen, erzählte, daß ein
Mann aus Lothringen geklagt haben sollte, man habe ihn über
Johanna's Ruf im Vaterlande vernommen, da er jedoch nur
Gutes bekundet, sei er vom Bischof mit Schmähungen belegt
worden.

Als sich demnächst die urkundlichen Vernehmungen aus
der Heimath der Jungfrau nicht fanden, ordneten die Commissarien auch in dieser Hinsicht neue an. (Quich. II.
S. 381.)

XXXI.

Der Rechtfertigungs-Prozeß in der neuen Untersuchung zur Herstellung der Ehre unserer Heldin.

Von den Zeugen, deren 144 vernommen wurden, bekun-
deten die meisten Johanna's edlen, hochherzigen und frommen
Sinn, ihren unsträflichen Wandel, ihre strenge Tugend und
Gottesfurcht, viele aber die Arglist und Betrüglichkeit bei der
ersten Untersuchung.

Im Einzelnen ist von den ausführlichen Aussagen der
Zeugen besonders Folgendes zu bemerken:

Der Prediger und Mönch Tout-Mouillé aus Rouen

bekundete, daß nach dem allgemeinen Gerücht Johanna nur aus Haß und Rache verfolgt sei, weil die Engländer bei deren Leben kein Glück zu haben vermeint hätten.

Der Priester Isambert de la Pierre sagte: Als er sie ermahnt habe, sich der Kirche zu unterwerfen, habe sie erklärt, daß sie sich gern dem Willen des heiligen Vaters beugen wolle und man sie zu ihm führen möge. Dem Urtheil ihrer Feinde werde sie sich niemals fügen. Auf seinen Rath, sich dem allgemeinen Concil zu Basel zu unterwerfen, das er ihr als eine Versammlung der ganzen christlichen Kirche erläutert, habe sie sich dazu bereit erklärt, der Bischof von Beauvais ihm aber in des Teufels Namen Schweigen geboten und dem Notar befohlen, ihr Erbieten nicht etwa in das Protokoll aufzunehmen. Zugleich hätten die Engländer ihn lebhaft bedroht, falls er nicht schwiege, ihn in die Seine zu werfen. Er bekundete auch in Uebereinstimmung mit l'Advenu, daß sie unter heftigem Weinen sich darüber beklagt, daß die Engländer, namentlich ein Lord, als sie im Kerker Frauenkleider getragen, ihr hätten Gewalt anthun wollen. Uebrigens habe man ihr so viele und so verwickelte Fragen vorgelegt daß die meisten Gelehrten Mühe gehabt haben würden, solche zu beantworten, weshalb auch einzelne Richter gemurrt hätten. Obgleich er dem Verfahren sorgfältig bis zu Ende gefolgt sei, habe er doch nicht vernommen, daß das weltliche Gericht sie zum Tode und namentlich zum Scheiterhaufen verurtheilt habe. So viele auch der weltlichen Richter sich bei ihr eingefunden, sei sie doch ohne Urtel und Beschluß dem Henker übergeben, lediglich mit den Worten: Thue Deine Pflicht! Zuletzt noch habe sie so herrlich gesprochen,

daß alle Umstehenden heiße Thränen geweint, ja selbst viele
Engländer, darunter der Cardinal von Winchester, gezwungen
worden seien, Zähren zu vergießen. Er selbst habe auf ihre
Bitte aus der nächsten Kirche ein Cruzifix geholt, um es vor
ihren Augen zu erheben bis zum Todesgange, damit das Kreuz,
woran ihr Erlöser hinge, während ihres Lebens ihr stets vor
Augen sei.

Selbst in den Flammen habe sie nicht aufgehört, mit
lauter Stimme den heiligen Namen „Jesus" zu bekennen, indem sie fortwährend die Namen der Heiligen des Paradieses
angerufen.

Gleich nach der Hinrichtung sei der Henker zu ihm und
dem Bruder l'Advenu gekommen, zerknirscht von mächtiger
Reue, voll Verzweiflung, weil er gefürchtet, nie Vergebung von
Gott zu erlangen wegen dessen, was er an dieser heiligen
Jungfrau gethan. Zugleich habe jener versichert, daß, soviel
Oel, Schwefel und Kohlen er auch angewandt, er doch das
Herz der Jungfrau nicht habe zu Asche brennen können.
(Quich. Thl. II. S. 6 und 7.)

Der Priester Martin l'Advenu, der hochherzige Beichtvater und Führer Johanna's auf ihren letzten Lebenswegen
bekundete:

Man sei mehr aus Gunst gegen die Engländer und
deren Genossen, als aus Eifer für die Gerechtigkeit
und den Glauben, bei der Untersuchung gegen Johanna
verfahren. Der Bischof von Beauvais habe von Anfang heftigen Groll gegen sie gehegt und sie im Kerker
grausam behandeln lassen. Als man sie habe dem

geiftlichen Gericht und Gefängniß überliefern wollen, fei
derfelbe dagegen gewefen, weil dies den Engländern
mißfallen werde. Auch er will von einer Verurtheilung
durch den weltlichen Richter Nichts vernommen haben,
behauptet vielmehr, fie fei nach Vorlefung des Ver-
dammungs-Urtheils Seitens des Bifchofs durch zwei
Polizei-Diener gezwungen worden, von dem Gerüft
herabzufteigen, und von denfelben bis zu dem Ort
geführt, wo man fie habe verbrennen wollen, auch dort
von jenen den Händen des Henkers übergeben. Zum
Beweife führt er noch an, daß, als fpäter ein gewiffer
Georg Tolenfaut wegen Ketzerei eingekerkert und in
ähnlicher Weife der weltlichen Juftiz überliefert worden,
der Erzbifchof von Rouen dem dortigen Bürgermeifter
habe durch den Bruder Martin anzeigen laffen, daß
es mit dem George nicht ebenfo gemacht fei, wie mit
der Jungfrau, welche ohne End-Urtheil und förmlichen
Proceß verbrannt worden. (Quich. a. a. O. S. 9.)
Der Pater Wilhelm Duval aus Rouen bekundete:
Als er eines Tages mit Ifambert und Jean de la Fontaine nach dem Kerker Johanna's in die Burg zu
Rouen gekommen fei, um fie im Auftrage des Bifchofs
zu ermahnen, habe er dort den Grafen Warwick getroffen. Diefer habe fich fofort zu Ifambert gewandt
und unter heftigen Vorwürfen zu ihm gefagt: Warum
flüfterteft Du diefen Morgen mit diefer Gottlofen, indem Du ihr fo viele Zeichen machteft? Merk' ich noch
einmal, Schurke, daß Du Dir Mühe giebft, fie frei

zu machen, oder sie über ihren Vortheil zu unterrichten, so werd' ich Dich in die Seine werfen lassen.
(Quich. a. a. O. S. 10.)

Der Priester Wilhelm Mouchon, welcher von Anfang bis
zu Ende als Notar in der Untersuchung thätig war, bekündet:
Er sei auf Anlaß des großen Raths des Königs von
England Notar in dieser Sache gewesen und würde
nicht gewagt haben, sich einer Anordnung desselben zu
widersetzen. Die Untersuchung sei auf Kosten der englischen Regierung geführt. Nach Tische, bei Ver-
gleichung der niedergeschriebenen Notizen, sei ihm bemerk-
lich gemacht, daß seine Collegen anders geschrieben, und
er veranlaßt worden, nach deren Vermerken seine Auf-
fassungen zu ändern. (Quich. Th. II. S. 341.)

Als demnächst Loyseleur sich in das Vertrauen Johanna's als angeblicher Landsmann eingeschlichen, habe
man ihn, den Mouchon, und seinen Collegen Colles
mit Zeugen heimlich in ein benachbartes Zimmer gesetzt,
wo sie durch ein Loch Alles hätten hören können, mit
dem Befehl, die Aeußerungen Johanna's aufzuzeichnen.
Als darauf der Bischof die Vermerke einem berühmten
Geistlichen mitgetheilt, dieser solche aber für werthlos
erklärt, weil sie nicht in gehöriger Form aufgenommen
worden seien, habe der Bischof zornig geäußert, daß
man doch nicht anders verfahren werde, jener aber zu
ihm, dem Zeugen, gesagt, daß er mit der Sache nichts
mehr zu thun haben wolle, da er wohl sehe, daß man
aus Haß handle und Alles für gewiß annehme,

was Johanna nur als möglich zugegeben habe. Uebrigens habe auch der Bischof ihn in lateinischer Sprache aufgefordert, bei dem Niederschreiben der Erklärungen Johanna's den Sinn ihrer Worte zu ändern und ihre Rechtfertigungen wegzulassen. Wenn etwas vorgekommen, was dem Bischof nicht gefallen, habe er verboten, es aufzuschreiben, indem er gemeint, daß es für den Proceß nicht diene. Als der Bischof erfahren, daß auf den Rath des Priesters Johannes de la Fontaine und zweier anderer Geistlicher, die in Abwesenheit des Bischofs die Jungfrau ermahnt, diese sich bereit erklärt habe, sich dem Papst und dem allgemeinen Concil zu unterwerfen, habe er jene im höchsten Zorn bedroht und Johann de la Fontaine Rouen verlassen, die beiden Andern aber nur mit Mühe sich der Todesgefahr entzogen. Der Graf Warwick habe darauf Jedem, außer ihm selbst und dem Bischof, den Zutritt zu der Jungfrau verboten. (Quich. II. S. 13.)

Johann Massieu, Priester zu Rouen, einer der edelsten Begünstiger der Jungfrau, bekundete:

Als er Johanna einst aus dem Kerker nach der Sitzung geleitet und bei der Schloßkapelle geduldet, daß sie ihr Gebet verrichte, habe der Fiskal (Promotor) Benedictus ihm unter heftigem Tadel gedroht, im Wiederholungs-Fall ihn in den Thurm stecken zu lassen, daß er einen Monat weder Sonne noch Mond sehen solle.

Peter Miges bekundete:

Die Engländer hätten die Jungfrau mehr gefürchtet,

als ein ganzes Heer. Er und viele andere Zeugen
versichern, daß sie an ihr nichts Ketzerisches bemerkt,
sie ihnen vielmehr als gute fromme Katholikin erschienen sei. (Quich. II. S. 301—304.)

Peter Bouchier bekundete:

Der Siegelbewahrer des Cardinals von Winchester
habe einst dem Bischof von Beauvais vorgeworfen,
daß er zu glimpflich verfahre, worauf dieser die Acten
auf die Erde geschleudert habe und entgegnet, daß er
nur nach seinem Gewissen handeln werde. Die Jungfrau sei im Kerker meistens unter dreifachem Verschluß
gewesen. Einen Schlüssel habe der Cardinal, einen
der Inquisitor und einen der Fiscal Benedictus gehabt.
(Quich. II. S. 323.)

Der 70jährige Stiftsherr Beauprée sagte:

Er hege die stärkste Vermuthung, daß ihre angeblichen
Erscheinungen mehr aus natürlichen Gründen und
menschlichen Absichten, als aus übernatürlichen Ursachen
hervorgegangen seien.

Der Zeuge Nicolas de Houppeville bekundete

viele Drohungen Seitens des Grafen Warwick und des
Bischofs gegen die, welche sich der Jungfrau irgendwie
günstig gezeigt. Zugleich versicherte er, daß der Bischof
ihn selbst, weil er gesprächsweise sich über die Gefähr-
lichkeit der Untersuchung geäußert, habe in das Gefängniß werfen lassen, indem er dabei noch außerdem
gedroht, ihn nach England zu verbannen, welchem er

nur durch Fürbitte des Abts von Fécamps entgangen
sei. (Qu. II. S. 326.)

Der Zeuge Jean de Novelonpont bekundet:

Auf der 11 tägigen Reise zum König habe Johanna
zwar Nachts mit ihm und den andern Rittern zusammen geherbergt, ja in seiner Nähe geruht, aber im
vollen Anzuge (suo gippone et caligis vaginatis
induta) und habe er sie so gefürchtet, daß er nicht
gewagt, sie zu begehren. Er betheure, daß er nie ein
fleischliches Gelüst nach ihr gehegt. Mehrmals habe
sie auf der Reise Messe gehört. Er sei durch ihre
Frömmigkeit und ihre edlen Worte wahrhaft begeistert
gewesen und glaube auch, daß sie von Gott gesandt
worden, weil sie nie geschworen, nie geflucht, und oft
mit dem Zeichen des Kreuzes sich bezeichnet habe.
Ueberall habe sie sich sittsam und brav erwiesen.

Ganz in ähnlicher Weise sprach auch Bertrand de Poulengy sich dahin aus, daß sie ihm zuviel Ehrfurcht eingeflößt,
um ein böses Gelüst ihm zu erwecken.

Massieu bekundete später noch, daß, da Johann von
Castillon die Art des Inquirirens gemißbilligt, man ihn entfernt habe. Als der Magister Marguerie erklärt, es genüge
nicht, daß sie abermals Mannskleider angelegt, man müsse auch
den Grund wissen, habe ein Engländer mit dem Ruf: Traitre
Armagnac! ihn mit einem Speer durchbohren wollen, worauf
jener nur schwer sich durch die Flucht gerettet habe. Andere,

welche von Johanna Gutes gesagt, habe der Bischof heftig bedroht, indem er zugleich geäußert, daß, wenn sie nicht seine Freunde wären, er sie würde in die Seine werfen lassen.

Alle Zeugen stimmten im Lobe Johanna's überein und gewährten die Ueberzeugung, daß das ganze Verfahren, von Haß und Hinterlist geleitet, nur darauf berechnet worden, unter dem Schein der Gerechtigkeit und der Beobachtung aller Formen, das unglückliche Schlachtopfer desto sicherer ungestraft dem Verderben zu weihen.

Auf den Grund jener zahlreichen Zeugen-Aussagen und der früheren Verhandlungen wurden demnächst die Gutachten verschiedener ausgezeichneter Theologen und Juristen eingeholt. Selbst ein Beisitzer des berühmten päpstlichen Gerichtshofes der Rota romana, Theodor de Leliis und der Consistorial-Advocat Paulus Pontanus wurden um ihre gutachtliche Meinung ersucht. Beide griffen das frühere Verfahren heftig an, und sprachen sich entschieden für die Unschuld Johanna's, sowie über die Nichtigkeit der Verurtheilung aus.

Auf den Grund aller dieser Gutachten in Verbindung mit den Aussagen der neu vernommenen Zeugen wurde von dem jetzt eingesetzten geistlichen Gericht der erste angeblich unfehlbare Spruch der hohen Geistlichkeit unter genauer Angabe der Gründe für betrügerisch, verläumderisch, arglistig, boshaft und schändlich erklärt und verworfen.

Die feierliche Verkündung dieses Richterspruches erfolgte, wie oben schon erwähnt, am 7. Julius 1456 im erzbischöflichen

Palaſt zu Paris, in Gegenwart der Mutter Johanna's und ihrer beiden Brüder.

Demnächſt ward auf der Stelle, wo Johanna ihre große Seele aushauchte, eine feierliche Bußpredigt gehalten.

XXXII.

Johanna's Geburtshaus zu Domremy und ihre Gedächtnißfeier im Jahre 1820.

Zum Schluſſe dürfte es Manchem angenehm ſein, einige Worte zu hören über das Feſt, welches am 10. September 1820 zu Domremy, zum Andenken an die Jungfrau Johanna und zur Einweihung der ihrem Andenken geweihten Statue gefeiert iſt. Angeregt durch ein Mitglied des Verwaltungsraths des Departements der Vogeſen und lebhaft unterſtützt durch deſſen Vorſitzenden, den Herzog von Choiſeul, beſchloß jene Behörde ſchon im Jahre 1818 einſtimmig, Fonds zu bewilligen, um das Haus des alten Jacob Darc zu erwerben, über deſſen Aechtheit, wie auch de Haldat überzeugend ausführt, nicht der geringſte Zweifel obwalten kann. Die Miniſter, von dem Vorhaben unterrichtet, zeigten daſſelbe dem König Ludwig XVIII. an, welcher ſich beeilte, ſich nicht nur bei dem Erwerb der Hütte und Errichtung eines Denkmals zu betheiligen, ſondern auch befahl, neben dem materiellen ein geiſtiges Monument zu gründen, nämlich eine Schule, um den Unterricht zu verbreiten und in den jungen Mädchen aus der Heimath

Johanna's den Keim ihrer Tugenden zu pflegen. Der Ober-Baumeister des Departements, Namens Jollois, wurde mit Entwerfung der Pläne und Leitung der Arbeiten beauftragt. Der allgemeine Eifer beförderte das patriotische Unternehmen dergestalt, daß binnen Jahresfrist das wohlthätige Institut des Königs sich neben dem Denkmal erhob, das dem Ruhme der Heldin geweiht ward, und ihre Hütte hervorging aus den Trümmern, welche so lange sie verbargen.

Das väterliche Haus Johanna's, jetzt hereingezogen in den Kreis der Schule zu Domremy, war früher nach Norden und Süden durch bäuerliche Wohnungen verdeckt. Vorn war es verborgen durch das des Herrn Gérardin, von dessen Vorderhause es durch einen engen Hof getrennt war. Ueber der Pforte seines neuen Hauses hatte der Vater des damaligen Besitzers den Bogen der Thür von Johanna's Hause angebracht und über diesem eine kleine Bildsäule der Heldin. Drei enge Stübchen, in einen Stall und einen Speisekeller verwandelt, waren Alles, was von dem Wohnsitz Johanna's noch übrig war. Aber von allen Seiten bemerkte man durch Inschriften und herausgebrochene Stücke die Verehrung, welche vornehme Besucher diesen heiligen Räumen gezollt. Durchdrungen von der Pflicht, denselben ihren alten Charakter zu bewahren, hat der Baumeister bei der Herstellung jede unnöthige Zuthat vermieden. Befreit von allem hindernden Beiwerk stellt sich jetzt die Hütte in ihrer ganzen Einfachheit und Unregelmäßigkeit dar, welche einen eigenthümlichen Gegensatz zu der Berühmtheit bildet, deren sie sich erfreut.

Vorzüglich fesselt der Bogen über der Thür die Aufmerksamkeit und derselbe verdient diese, weil er den besten Beweis der Aechtheit liefert. Die eingemeißelte Bildnerei auf demselben stellt drei Schilder und drei Inschriften dar. Der in der Mitte enthält das Wappen Frankreichs, der zweite rechts den Wappenschild, welchen Carl VII. der Familie Darc verlieh. Der gekrönte Degen in der Mitte erinnert an die Thaten der Heldin, und die Lilien, welche ihn umgeben, an die Dankbarkeit des Monarchen.

Der dritte Schild links ist der Gegenstand verschiedener Auslegungen gewesen. Einige haben darin drei eiserne Lanzen, Andere drei eiserne Pfeile, die Manche dem Wappen der Familie de Lys als Theile beilegen wollen, noch Andere drei eiserne Pflugschaaren gefunden, welche sie als Sinnbilder der ländlichen Beschäftigung des Vaters Johanna's betrachteten, welche aber nach der Meinung de Halbat's in der That nichts darstellen als ein Zeichen der Verbindung des Besitzers des berühmten Hauses mit der Familie des Thiéfélins.

Die Inschriften bilden drei Zeilen; die erste, unter dem Wappen Frankreichs, enthält die Worte: Vive le roi Lois, es lebe der König Louis, die zweite, unter demselben Schilde, enthält das Datum des Denkmals, das Jahr 1461, was uns anzeigt, daß der in der ersten Zeile erwähnte Fürst der König Ludwig XI. ist, der Rächer von Johanna's Andenken; endlich die dritte über der Jahreszahl enthält die Worte: Vive labeur, es lebe die Arbeit. Darunter ist eine mit einer Weinrebe gebundene Garbe.

In der Revolution waren diese Bildwerke zum Theil

verwischt, die gut erhaltenen Spuren haben aber die völlige Herstellung gestattet.

Das Innere des Häuschens besteht aus drei Räumen, deren vorderer und größerer als Küche diente. Vor der Herstellung bot er gar nichts Besonderes dar, als vielleicht einen kleinen Schrank aus einem Werkstück, der dem Heerde gegenüber in die Mauer eingefügt war; aber gerade in diesem Raume, vorzüglich an den Balken der Decke und den Flügeln der Thüren, sah man die Spuren von den Verwüstungen, welche die Besucher dieser Stätte angerichtet hatten, um eine Reliquie derselben mit sich zu nehmen. De Halbat erzählt, daß im Jahre 1815 ein preußischer Prinz, den er Ferdinand*) nennt, als er durch Dom-Remy gekommen, das Haus besucht habe und dort niedergekniet sei, indem er gesagt: Ich grüße dich, Wohnung eines Helden! und daß derselbe eigenhändig von der Thürbekleidung ein Stückchen abgebrochen und sorgfältig bewahrt habe.

In diesem Raume ist auch der Marmortisch aufgestellt, auf welchem die Inschrift eingegraben ist, die der Nachwelt die dem Andenken Johanna's geweihten Denkmale überliefern soll. Sie lautet: „Im Jahre 1411 wurde an diesem Orte Johanna Darc geboren, genannt die Jungfrau von Orleans, Tochter des Jacob Darc und der Isabelle Romée. Um ihr Andenken zu ehren, hat die Regierung des Verwaltungs-Bezirks der Vogesen dieses Haus erworben, der König dessen

---

*) Wahrscheinlich war es der Prinz August, auch August Ferdinand geheißen.

Herstellung befohlen, daselbst eine Schule zum unentgeltlichen Unterricht für junge Mädchen von Dom-Remy und Greur gegründet und angeordnet, daß ein Springbrunnen, geschmückt mit der Büste der Heldin, ihr Bildniß und den Ausdruck der öffentlichen Dankbarkeit verewigen möge. Die Arbeiten sind beendet am 18. August 1820." Dieses Zimmer ist auch mit einem schönen Bilde des ausgezeichneten Malers Laurent aus Nancy geschmückt, das der König geschenkt hat. Dasselbe ist eine meisterhafte Darstellung Johanna's, wie sie in einem Bet-stuhle vor dem Bilde der heiligen Jungfrau, sich auf ihr Schwert stützend, das sie der Befreiung des Vaterlandes geweiht, auf ein Knie niedergelassen, von ihrer hohen Schutzgöttin die Gaben der Weisheit und Kraft erfleht, um ihr heroisches Wagniß mit günstigem Erfolg zu krönen.

Die andern Räume, viel enger und unregelmäßiger, bieten nichts Merkwürdiges, als die Trümmer eines alten Ofens, welcher den Nachkommen Johanna's zur Erwärmung gedient hat. Die verstümmelte Figur, welche ein späterer Besitzer des Hauses, Gérardin der Aeltere, über der Thür desselben auf-gestellt hatte, ist ziemlich gut ausgebessert und dem Vernehmen nach jetzt für dieses Zimmer verwendet. Auch liegt in dieser Stube ein Stammbuch zum Einzeichnen der Fremden.

Die Schule selbst ist ein einfaches Gebäude, aber für ihre Bestimmung höchst zweckmäßig eingerichtet. Ihre Vorder-seite liegt nach dem neuen Platze, wo der Springbrunnen emporsprudelt, welcher dem Ruhme der gefeierten Heldin geweiht ist. Dieser Springbrunnen fesselt von allen dortigen Denkmälern zuerst den Blick.

Seine Lage mitten auf dem Platze bildet in der That einen höchst malerischen Anblick. Man mag ihn vom Schulhause oder von der Straße betrachten, er tritt stets in sehr vortheilhafter Weise gegen das dichte Gehölz der dunkelgrünen Obstgärten hervor, welche den Platz umgeben, und gegen die Weiden, welche die Ufer der Maas umkränzen, deren Wellen am Fuße der dem Mittag entgegengesetzten Seite fließen.

Der Oberbaumeister Jollois, Secretair der Commission zur Ausführung des großen Werks über Aegypten, der bei seinen tiefen Studien in der alten Baukunst sich allem Schönen und Großen zugewandt, hat in diesem Denkmal die größte Strenge der Formen mit der höchsten Dauerhaftigkeit zu verbinden gesucht. Auf einer vierseitigen Grundlage erheben sich vier Prismen von viereckiger Form, welche eine zweiseitige Decke mit zwei Giebeln tragen, worauf die Namen der Heldin und des Raths des Verwaltungs-Bezirks der Vogesen eingegraben sind. Unter diesem Schirmdach ist auf einer Halbsäule das von dem König geschenkte Bildniß Johanna's aufgestellt. In dieser Büste von Alabaster, welche die vorzüglichste Zierde des Denkmals ist, hat der Meister, der Professor Le Gendre Héral aus Lyon, das Bild der Heldin unter den Zügen einer jungen, tapfern, von heiliger und großartiger Begeisterung erfüllten Frau dargestellt.

Langes Haar wallt über ihre Schultern und ihr Haupt ist bedeckt mit jenem Feder-Barett, mit welchem sie von den Künstlern dargestellt ist, die zu jener Zeit lebten, wo ihre Züge noch dem Gedächtniß der Zeitgenossen gegenwärtig waren.

Die Zurückhaltung, welche der Künstler in der An-

bringung von Ausschmückungen beobachtet hat, muß des Bei-
falls aller derer sich erfreuen, welche Sinn für das Angemessene
besitzen. Der Baumeister hat die Zierrathen gespart, um den
Beschauer nicht abzuziehen von den Empfindungen bei dem
Anblick eines Denkmals, welches ruhmvolle Erinnerungen und
ernste Gedanken wecken will. Er hat sie gespart, um gegen
die Stürme der Zeit und die Unbilden der Unwissenheit ein
Werk zu schützen, das er mit wenig dauerhaften Materialien
ausführen mußte, welche nicht vermögen, es lange in gutem
Stande zu erhalten. Endlich hat er sich sparsam zeigen müssen
mit Zierrathen, welche ungünstig abgestochen haben würden
gegen die Einfachheit der ländlichen Häuser in der ganzen
Umgebung.

Ein Denkmal, errichtet dem Ruhme der Heldin, die als
Märtyrerin ihrer Hingebung für das Vaterland gefallen, würde
viel von seinem geistigen und sittlichen Einfluß verloren haben,
wenn es nicht zugleich dem öffentlichen Nutzen geweiht worden
wäre. Der Künstler hat allen Verhältnissen genügt, indem er
es in einen öffentlichen Springbrunnen verwandelte, dessen
Wasser einer Quelle entströmt, welche noch den berühmten
Namen Johanna's trägt. In dem Grundbau, auf welchem
der Brunnen ruht, hat er überdies noch einen bleiernen Kasten
einsetzen lassen, in welchem die besten dem Andenken der Jungfrau geweihten Werke, Denkmünzen u. dgl. enthalten sind.
Zugleich ist an diesem Kasten eine Inschrift über die Errichtung
des Denkmals angebracht.

Die Einweihung selbst beschloß man auf Anregung des
Präfekten des Departements durch ein würdiges Fest zu feiern.

Kaum war diese Absicht in die Oeffentlichkeit gedrungen, als sich von allen Seiten eine begeisterte Theilnahme zeigte. Von vielen Städten, Nancy an der Spitze, wurden die angesehensten Männer abgeordnet, um der Feier beizuwohnen. Nancy sandte namentlich außer dem Marquis de Raigecour und dem General Grafen Drouot und andern ausgezeichneten Personen zwei Herren de Haldat-Dulys, Abkömmlinge einer Seitenlinie der Familie Darc.

Der Maire von Neufchateau, der Leiter des ganzen Festes, hatte alle Kräfte aufgeboten, um dasselbe glänzend zu feiern. Die Straßen waren mit grünem Laub geschmückt, ein Tanzsaal war in prachtvoller Weise errichtet, der Johannen-Platz war mit Kränzen verziert und ein Triumphbogen erhob sich am Eingang der Brücke nach der Richtung des Weges nach Neufchateau. Dieses ländliche, aus Laub gemachte Kunstwerk war geschmückt mit durchsichtigen Gemälden, deren eins die Heldin zu Pferde vorstellte, zwei andere zeigten die Wappen und sechs andere die merkwürdigsten und muthigsten Thaten der Jungfrau. Eine Inschrift mit sehr großen Buchstaben verkündete den Zweck des Festes.

Ganz vorzüglich hatte der Anordner der Feier seine Mühe auf die herrliche Wiese gewandt, welche dicht bei Dom-Remy ihren prächtigen grünen Teppich ausbreitet. Gegen Mittag und Norden von Hügeln bekränzt, welche eine üppige Vegetation schmückt, bildet jene Wiese gegen Abend das schöne Thal, das sich gegen Norden neigt, um die Wogen der Maas nach Vaucouleurs zu tragen. Dort am Fuße der Weinberge, in der gesundesten und reizendsten Lage, haben die freundlichen

Dörfer Dom-Remy und Greur sich angeschmiegt. Der Blick verliert sich gegen Abend in der Ferne gegen Neufchateau auf angenehme Landschaften. Der Hügel nach Mittag hat an seinem Fuße pflugbares Land; der mittlere Theil ist mit Wein-stöcken bepflanzt. Sein Gipfel, bedeckt von Strauchwerk und alten Eichen, zeigt die Stelle des in der Geschichte Johanna's so berühmten Waldes, des Bois-Chenu, des uralten Eichen-hains an, bei dessen Grenze der schöne Maienbaum (le beau Mai) stand, welchen die jungen Mädchen von Dom-Remy in früheren Jahrhunderten mit Blumengewinden schmückten und unter fröhlichen Spielen umtanzten. Die Ueberlieferung hat den Namen dieses Baumes aufbewahrt und de Haldat ver-sichert, daß ein achtzigjähriger Greis ihm erzählt, sein Vater habe denselben noch stehen sehen und ihm genau den Platz gezeigt, wo er gestanden.

Auf der Mitte des südlichen Hügels entspringt die Quelle, welche den Namen der Heldin trägt. Die Kapelle, vor welcher sie, nach der Geschichte, oftmals betend lag, war über derselben, aber man sieht davon nur noch Trümmer.

Auf jener Wiese nun mit ihren malerischen und merk-würdigen Umgebungen hatte der Maire von Neufchateau einen Platz einzäunen und mit mehreren Reihen von Zelten besetzen lassen, welche geschmackvoll mit Blumen, Laubgewinden und Fahnen verziert waren. Zugleich waren ländliche Wettspiele, Preisrichter, Gesänge und dergl. angeordnet, auch war zum Schluß auf ein großartiges Feuerwerk Bedacht genommen.

Als die verschiedenen Deputationen sich dem Triumph-bogen nahten, hielt der Maire von Dom-Remy eine kurze

Anrede an den Präfekten des Departements der Vogesen, worin er mit Nachdruck den Dank seiner Unter-Beamten und die Anhänglichkeit an den Stamm des heiligen Ludwig aussprach. Demnächst bewegte sich der Zug nach dem neuen Schulhause, wo die jungen Mädchen der beiden Dörfer Dom-Remy und Greux versammelt waren, geschmückt mit einfachen weißen Gewändern, ebenso bescheiden als geschmackvoll. Sie reihten sich von dort ab dem Zuge an und bildeten keine seiner geringsten Zierden. Das Bild Johanna's, gemalt von Laurent, jetzt den Blicken der Versammlung hingestellt, empfing das gebührende Lob und erhielt nun den ihm bestimmten Platz. Einige Minuten darauf bewegte sich der Zug nach der Kirche, wo ihn der Geistliche Boucirot erwartete, unterstützt von den Pfarrern der beiden Dörfer. Die ganze Versammlung, jeder Einzelne an dem ihm bestimmten Platze, richtete an den Ewigen den Gesang der Dankbarkeit.

Der Geistliche weihte sodann für die Gemeine von Dom-Remy eine Fahne, welche an das berühmte Banner erinnern sollte, dessen alleiniger Anblick die englischen Schaaren in Schrecken versetzte. Bei dieser Gelegenheit hielt der Geistliche an die Versammlung eine Rede, in welcher er auf die Tugenden und die wunderbaren Thaten der Heldin hinwies, die er als die Früchte ihres reinen Glaubens und ihrer glühenden Frömmigkeit darstellte. Hiernächst sprach der Secretair der Akademie von Nancy, Herr de Haldat, eine Lobrede auf die Jungfrau, welche alle Anwesenden so mächtig ergriff, daß selbst viele alte Krieger die Thränen nicht zurückzuhalten vermochten. Außer ihm sprachen noch in längerer und kürzerer

Weise der Vorsitzende des Stadtraths von Orleans, der Prä-
fect des Departements der Vogesen und Andere. Demnächst
folgten verschiedene Aufzüge und Waffenspiele, namentlich ein
Wettkampf von Reitern in Costümen aus der Zeit Johanna's.
Endlich zogen die Deputationen sich in das große Zelt, die
andern Anwesenden in kleinere Zelte und auf die Wiese zurück,
um dem Körper durch Speise und Trank neue Kraft zu reichen.
Abends jedoch, als die Dunkelheit einbrach, schwamm der
ganze Ort und die Umgegend in einem weiten Lichtmeer.

Alles war erleuchtet von unzähligen Lampen und ein
großes Feuerwerk machte den Beschluß des erhebenden Tages.
Manche Thräne floß dem Andenken der gefeierten Heldin und
gewiß nicht leicht blieb ein Herz ohne Rührung und innige
Theilnahme. Tausende stimmten ein in den Wunsch, daß ihr
Beispiel durch ferne Jahrhunderte leuchten und zur Nach-
eiferung anfeuern möchte, wo in ähnlicher Weise ein gebeugtes
Volk einer begeisterten Heldin bedürfte.